Heimito von Doderer

dargestellt von Lutz-W. Wolff

Rowohlt

rowohlts monographien begründet von Kurt Kusenberg
herausgegeben von Wolfgang Müller und Uwe Naumann

Redaktionsassistenz: Katrin Finkemeier
Umschlaggestaltung: Walter Hellmann
Vorderseite und Frontispiz:
Heimito von Doderer im Café Hawelka, Wien 1963
(Fotos Franz Hubmann; Verlag C. H. Beck, München)
Rückseite: Die Strudlhofstiege, 1910
(Sammlung Heimito von Doderer)

Originalausgabe
Veröffentlicht im Rowohlt Taschenbuch Verlag GmbH,
Reinbek bei Hamburg, August 1996
Copyright © 1996 by Rowohlt Taschenbuch Verlag GmbH,
Reinbek bei Hamburg
Alle Rechte an dieser Ausgabe vorbehalten
Satz Times PostScript Linotype Library, Quark XPress 3.31
Gesamtherstellung Clausen & Bosse, Leck
Printed in Germany
ISBN 3 499 50557 6

2. Auflage Dezember 2000

Inhalt

Links das «Stammhaus» im III. Bezirk, Stammgasse 12

Das Stammhaus (1896–1920)

«Es bestehen Anhaltspunkte für die Vermutung, daß er nichts dagegen gehabt hätte, als österreichischster Dichter Österreichs bezeichnet zu werden», hat Friedrich Torberg gesagt.[1] *Seine Augen standen etwas schräg und die Backenknochen waren irgendwie magyarisch oder zigeunerisch.*[2] Er war stolz auf seine entfernte Verwandtschaft mit Nikolaus Lenau und verbrachte sechzig seiner siebzig Lebensjahre in Wien. Seiner Herkunft nach war Franz Carl Heimito Ritter von Doderer allerdings eher ein Deutscher und hat sich – ganz bescheiden – auch erst in späten Jahren als *gelernten* Österreicher bezeichnet.[3]

Sein Großvater war der Architekt Karl Wilhelm Doderer (1825–1900) aus Heilbronn am Neckar, der Bauten für das k. u. k. Militär geschaffen, 1853 die österreichische Generalstochter Maria von Greisinger geheiratet und seit 1866 an der Technischen Hochschule Wien gelehrt hatte und 1877 vom Kaiser mit dem erblichen Adel belohnt worden war. Doderers Vater, der in Znaim geborene Oberbaurat Wilhelm von Doderer (1854–1932), hatte sich als Ingenieur schon bewährt, als er 1881 die Tochter seines Chefs, des kgl. bayrischen Baurats Heinrich von Hügel, heiratete und sich 1891–1895 beim Bau des für das Deutsche Reich strategisch so wichtigen Kaiser-Wilhelm-Kanals auszeichnete. 1896, mit 42 Jahren, schickte er sich an, als Prinzipal der Wiener Bauunternehmung Doderer & Göhl & Sager in der dynamisch sich entwickelnden Donaumonarchie zum schwerreichen Manne zu werden.

Nicht dazu passen wollte allenfalls das Haus der Familie im III. Wiener Bezirk (Stammgasse 12), wo es zur Donau hin dunkle Straßen und eine wenig anziehende, plumpe Prostitution gab. Der Grund war einfach: Das Haus hatte 1882 sein Vater Karl Wilhelm erbaut, zusammen mit Max von Ferstel, dem Sohn des Architekten Heinrich von Ferstel. Dieses *düstere Stadthaus, ursprünglich am grünen Rande des Praters gelegen, jedoch bald von nichts weniger als freundlichen Gassen der wachsenden Stadt allseitig eingemauert, hatte vier Stockwerke; deren unterstes bewohnte bis zu ihrem Ableben die Großmutter des Hauses, eine Architektens-Witwe. Der erste Stock enthielt nur Gesellschaftsräume und das Arbeitszimmer des Vaters; der zweite Stock die Schlafzimmer. Vom dritten*

Stock genügt es auszusagen, daß er von einer verwandten Architekten-
familie bewohnt war. Architekten über Architekten, denn der Vater Renés
war ursprünglich auch ein Architekt gewesen, bevor er angefangen hatte,
Eisenbahnen zu bauen. Der Chef der Familie im dritten Stock aber war
mit der Schwester von Renés Mutter verheiratet [...]. Eine schon recht weit-
gehende Verquickung von Genealogie und Baukunst bei gesteigertem und
zum Teile sogar höchstgesteigertem Selbstbewußtsein.[4]

Nach der Einweihung des Nord-Ostsee-Kanals und der Rückkehr der
Familie aus Schleswig-Holstein im Jahre 1895 war Wilhelm von Doderer
mit der Regulierung des Wienflusses und dem Trassenbau für die Stadt-
bahn beschäftigt. Um die Bauarbeiten besser überwachen zu können,
hatte er das kleine Laudonsche Forsthaus in Hadersdorf-Weidlingau ge-
mietet, und hier wurde am 5. September 1896 der jüngste Sohn, Franz Carl
Heimito, geboren. Seine Konfession bestimmte – wie damals üblich – die
aus einer rein protestantischen Familie stammende Mutter, und so wurde
er am 24. Oktober evangelisch getauft, während sein Vater, trotz seiner
ganz überwiegend protestantischen Vorfahren, um der Generalstochter
willen katholisch getauft worden war.

Doderers Geburtsjahr bezeichnet politisch das Ende der liberalen
Wiener «Ringstraßenzeit», in der auf dem Gelände der alten Stadtbefe-
stigungen große öffentliche Gebäude im «historischen» Stil (darunter

Das Laudonsche Forsthaus in Hadersdorf-Weidlingau.
Hier wurde Doderer am 5. September 1896 geboren.

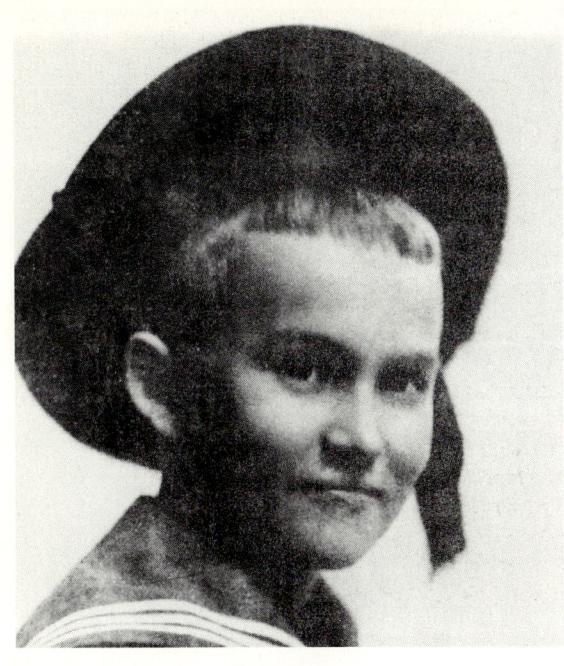

Der Matrosen-
anzug

durch Doderers Großonkel, den Architekten Heinrich von Ferstel, die
Universität und die Votivkirche) aufgeführt worden waren. Fortan re-
gierte der tatkräftige christlich-soziale, aber auch notorisch antisemitische Bürgermeister Dr. Karl Lueger.

Als Doderer zur Welt kam, hatte seine Mutter, Wilhelmine Louise
(geb. von Hügel, 1862–1946), seinem Vater schon fünf andere Kinder geschenkt: Ilse (1882–1979), Almuth (1884–1978), Immo (1886–1975),
Helga (1887–1927) und Astri (1893–1989). Daß auf dem jüngsten, dem
zweiten Sohn, große Hoffnungen ruhten, versteht sich. Daran änderte
auch der merkwürdige, vom spanischen «Jaime» abgeleitete Kosename
«Heimito» nichts, den seine Mutter bei einem Urlaub in San Sebastián
gehört haben soll. Zwar überließ man den Kleinen alsbald einer slowakischen Amme, was dazu führte, daß Heimito zunächst nur «böhmakeln»
lernte, aber bei der weiteren Ausbildung wurde an nichts gespart. Im Alter von sieben und von acht Jahren ließ man den hübschen Knaben mit
den auffällig großen, wachen Augen porträtieren, einmal im Aquarell
und einmal in Marmor – aus vermutlich patriotischen Gründen im
flotten Matrosenanzug. Mit zehn gab es Ferien auf Norderney in Beglei-

«Heimo» im Alter von acht Jahren.
Marmorbüste von Angelo Puzzi Quatrini

tung der Eltern. In der Staatsoper hatte man eine Loge[5], erster Rang
Nr. 12.

Von 1902 bis 1906 besuchte Doderer die fortschrittlich geführte
«Übungsschule der k. k. Lehrerbildungsanstalt» und danach das humanistische Staatsgymnasium, beide im gleichen Gebäudekomplex zwischen
Kundmann- und Rasumofskygasse im III. Bezirk. Privat erhielt er Unterricht in Englisch und Französisch und lernte obendrein Cello. Weil er
trotz hervorragender Gedächtnisleistungen und manchmal überraschender Kenntnisse, mit denen er Lehrer wie Freunde der Eltern verblüffte,
wegen einer gewissen Arroganz und Aufsässigkeit nur ein mittelmäßiger
Schüler war, gab man ihm einen Hauslehrer bei: Albrecht Reif, der
starke homosexuelle Neigungen hatte und sich offenbar sehr bemühte,
den jungen Mann zu verführen.[6]

Der Vater war mit großen Projekten beschäftigt, dem Bau der Tauern-

und der Karawankenbahn (1901–1909) etwa, die nicht nur wirtschaftlich bedeutsam waren, sondern auch die Verbindung nach Bosnien, zu den Adriahäfen und zum Suezkanal sichern sollten. *Dort tobten seine Mineure in den vorgetriebenen Stollen [...]: da brach das Wasser ein, dort mußte der Fels durch Futtermauern gestützt, hier wieder gesprengt werden. Und so sprang er aus dem Wagen, voll Begier seinem Ziel und seinem Werk entgegen, die schönen Schultern aufwerfend, und wie ein edles Pferd voll nervöser Kraft und das Antlitz so gespannt von Gedanken, daß es zornig aussah: dieser Promethiden-Sohn eines neuen österreichischen Zeitalters. Und er wollte leidenschaftlich, daß dort die Züge fahren sollten, [...] ein Knabentraum kältesten Feuers [...].*[7] Ein willensstarker Mann, dieser Vater. Er besaß *wie manche nach außen gerichtete Personen von mächtiger Energie, Arbeitskraft und Erwerbsfähigkeit [...] so etwas wie eine starke Raumverdrängung auch in seelischer Hinsicht, ein Anbranden gegen den anderen Menschen und ein Übergreifen auf ihn.*[8] Die Mutter, so schien es Doderer lange, *war eine Kreatur ihres Mannes, den sie anbetete, und zwar kritiklos*[9]. Daß sie alle künstlerischen Bemühungen ihrer Kinder bedingungslos unterstützte, lernte er allerdings später (in den dreißiger Jahren) schätzen. Die von ihr geschriebenen Dramen waren die Hauptattraktion des «Stammhaus-Theaters», bei dem Familienmitglieder und Freunde mitspielen durften. 1903 erbauten die Eltern den «Riegelhof» in Prein an der Rax, der für den sportbegeisterten Doderer und seine Schwester Astri zum ewigen Ferienparadies werden sollte.

Sechs Tage vor Doderers Reifeprüfung am 4. Juli 1914 fielen in Sarajewo die Schüsse auf den österreichischen Thronfolger, die den Ersten Weltkrieg auslösten. Für Doderer, der sich einigermaßen zufällig fürs Jurastudium entschieden hatte, brachte der Kriegsausbruch das Ende der ersten Jugend. Im April 1915 ging er als «Einjährig-Freiwilliger» zum 3. Dragonerregiment in der Breitenseer Kaserne, wohnte aber, wie es damals noch üblich war, zusammen mit Kameraden in einem Privatquartier außerhalb der Kaserne.[10] Nach der Grundausbildung kam er im Juli 1915 an die Reserveoffiziersschule der k. u. k. Kavallerie in der Nähe des slowakischen Dorfes Holič, wo er den Einjährigfreiwilligen Ulanen Ernst Pentlarz kennenlernte, den *kleinen E. P.* aus der *Strudlhofstiege. Zum ersten Mal hatten er und Stangeler im Jahre 1915 miteinander gesprochen, in einem niedrigen Hause am Eingang eines slowakischen Dorfes, an welchem Hause man, sommers vom Exerzierplatz kommend, fast immer in schwerem Durste vorüberritt. [...] E. P. stand am Fenster, weil seine Eskadron um etwa eine halbe Stunde früher einzurücken pflegte als jene, in der René ritt und die nun im Schritt vorüberkam. Stangeler, der am linken Flügel einer Reihe mit Vieren eingeteilt war, dankte für den Gruß und winkte aus dem Sattel. E. P. verzog das Gesicht zu einem kleinen Lächeln. Das Weiße seiner Augen war nicht ganz rein, in diesem mandelförmigen Schnitt stand eine Trübung, die seltsamerweise ein Element seiner Anmut aus-*

Der Einjährig-Freiwillige bei den Dragonern

machte.[11] Es folgten die damals schon unvermeidliche infanteristische Zusatzausbildung in Bruck an der Leitha und im Herbst 1915 die Rückkehr nach Wien. Mitte Januar 1916 ging Doderer an die südostgalizische Front ab, über die Anfang Juni die «Brussilow-Offensive» hereinbrechen sollte.

Mochte Doderer sich als Sproß aus besserem, adligem Hause auch zur Kavallerie gemeldet haben, in russische Gefangenschaft geriet er, zusammen mit 270000 anderen Österreichern, zu Fuß. Vermutlich im Schützengraben irgendwo außerhalb des galizischen Dorfes Olesza wurde Doderers Einheit (die XX. Kompanie des Infanterieregiments 57) am Nachmittag des 12.Juli 1916 von der 3.turkestanischen Schützendivision überrannt. Sein *unverwundetes Hervorgehen aus dem Geschosshagel und den Massenkämpfen* hat er noch Jahrzehnte später als Wunder empfunden.[12]

Die Gefangenschaft war für die Offiziere zunächst recht kommod. Im Abteil IV. Klasse ging es mit der transsibirischen Eisenbahn über Samara, Ufa, Omsk, Irkutsk und Tschita nach Krasnaja Rjetschka bei Chabarowsk, nur zweihundert Kilometer entfernt vom Pazifik. Dabei erlebte Doderer eine doppelte Überraschung: Er traf nicht nur seinen Kameraden Hans von Woynarowicz aus der Infanterieausbildung wieder, sondern auch Albert Reif. Dieser höchst unwahrscheinliche Zufall bildete einen der Impulse, die Zeit der Gefangenschaft später erzählerisch zu gestalten. Das Leben in den Baracken des Lagers war vielseitig. *Man lebte hier, wie's einem grad paßte, schlief lang oder stand zeitig auf, und die Russen waren die letzten, die irgendwen störten [...]. Es gab philosophische, es gab literarische Zirkel, aber [...] nicht alle befanden sich nur in einer Wartezeit [...]. Es gab nicht wenige unter den Gefangenen hier, welche diese Zeit in einem viel allgemeineren Sinne für eine wertvolle hielten [...]: und eben deshalb, weil man allem und jedem entrückt war [...].*[13]

Für Doderer führte die «Entrückung» zum Schreiben, zur *primären Wahl, welche die Gesinnung meines Lebens fortan bestimmte*[14]. Begonnen hatte es schon in der Heimat. Am 21. Juni 1916 sei es gewesen, hat er später behauptet, bei seinem ersten und einzigen Fronturlaub auf dem «Riegelhof». Da habe er zum erstenmal *auf einem Blatt Papier ganz genau beschrieben,* was er bemerkte: *Zimmer, Sessel, Tisch, Beleuchtung, Geruch, das einfallende Licht, meine Gefühle, vom Zustand meiner Leibeshöhle bis zu meinen Assoziationen*[15]. *Extrema* oder *Anatomie des Augenblicks* hat Doderer später solche Studien genannt. Sie sind die kleinsten Bauteile seiner Erzählkunst.

Es hat auch anderes gegeben. So heißt es 1923: *Ich sah meine Aufzeichnungen von der Front durch – mit Entsetzen! Welche Pose, welch' ein*

Doderer (Mitte) im Schützengraben

schneidiger Jargon, welches Wichtigtun mit kriegerischen Dingen – ach, genug; mir graut. [...] Ich will dieses Zeug übrigens alles vernichten. Pfui![16] Auch die (ohne Doderers Wissen) überlieferten sibirischen Texte sind weniger bescheiden und realitätsnah, als Doderer später wahrhaben wollte. Sie enthalten Visionen und Träume, wollen grotesk anekdotisch, märchen- und gleichnishaft klingen. Von den *Studien nach der Natur* und den *Innenaufnahmen, Außenaufnahmen*, an die sich Doderer später erinnert[15], sind nur vier überliefert: *Schneeschmelze im Hof, Holzschnitttexte, Dilettanten der Armut* und *Das Caféhaus*. Dennoch sind Techniken und Motive erkennbar, die später zum Hauptwerk gehören. Faszinierend besonders, daß schon achttausend Kilometer und dreißig Jahre von der *Strudlhofstiege* entfernt ein Text entstanden ist, der mit den Worten beginnt: *Eine halbe Stunde, nachdem Stangeler seine Matura überstanden hatte, ging er von der Hauptallee im Prater über die Stiegen zum Bootsplatz hinunter [...].*[17]

Im Herbst 1917 war die Idylle zu Ende. *In der Nacht vom 25. auf den 26. Oktober wurde das Winterpalais in Petersburg gestürmt [...]. Das war der Sieg der kommunistischen [...] Revolution.*[18] Fünf Monate später wurde in Brest-Litowsk der Separatfrieden zwischen den Mittelmächten und der jungen Sowjetunion unterzeichnet. Damit schien die Heimkehr der Kriegsgefangenen in greifbare Nähe gerückt. Die Bolschewisten hatten kein Interesse daran, sie im Land zu behalten, hofften vielleicht sogar, sie könnten im Westen zu Propagandisten der Revolution werden. Zusammen mit vielen anderen erreichte Doderer im Frühsommer 1918 das heutige Nowosibirsk. Aber *das Unglück wollte, daß die trefflich ausgerüsteten und bewaffneten Militärtransporte der tschechischen Legion, jener aus österreichischen Überläufern schon im Herbst 1914 formierten Truppe [...] allüberall verteilt standen auf der riesigen Bahnstrecke [...]. Diese Leute nun, deren Lage bedenklich war, wurden von den reaktionären Kreisen in den ostrussischen und sibirischen Städten, den «Weißen» benutzt, um plötzlich längs der ganzen riesigen Strecke von Wladiwostock bis an die Wolga, durch Putsch die Macht in ihre Hand zu bringen.*[19] Die Gefangenen verblieben im Machtbereich Admiral Koltschaks. Statt in die Heimat kam Doderer im Frühjahr 1919 in ein großes Lager bei Krasnojarsk.

Trotzdem ging es ihm relativ gut. Mit neunzehn war er in Gefangenschaft geraten, jetzt war er zweiundzwanzig. *Die Zeit war – wenn auch durch den tobenden Bürgerkrieg in Rußland gefährlich – für uns doch glücklich und reizvoll. [...] Es war hell und licht und prickelnd von Zukunft, das Lager lag hoch, der sibirische Sommer ist heiß und lind zugleich, die Luft würzig von der Steppe. Wir sprangen aus Krieg, Leiden, Zusammenbruch der Heimat und Rechtlosigkeit an die sonnige Oberfläche empor wie Forellen.*[20] Doderer las, schrieb, versuchte mit Gelegenheitsarbeiten ein bißchen Geld zu verdienen, trieb Sport. Das einzige, was seine Lebensfreude ernsthaft beeinträchtigte, waren starke neuralgische Schmerzen, die er zum erstenmal zur Zeit seiner Einrückung im Jahre 1915 kennengelernt hatte und die sich jetzt gelegentlich zu *hartnäckigen Attacken* auswuchsen, *die sich über zehn bis zwölf Tage erstreckten.*[21] Aber diese Schmerzen traten nur im Winter auf, im Sommer war das Leben leicht. *Ich war ein dummer Rüpel, aber mit meinen zweiundzwanzig Jahren ein literarischer Schwerarbeiter, von einem Fanatismus, der mir heute wild und roh erscheint. Ich warf alles Fertige sofort weg, es sollte nur Übungs-Stoff sein. [...] Es gab mehrere Fußballmannschaften im Lager [...]. Ich spielte rechts Verteidigung (damals sagte man noch «back»). Ich war beliebt. Der Ruf «Hoppauf, Heimito!» oder «Heimito! Schuß!» wurde, im brüllenden Tone, oft gehört.*[22] Und natürlich gewann der junge Mann Freunde. Zu ihnen gehörten der zehn Jahre ältere Dipl. Ing. Leutnant Rudolf Haybach (1886–1983), die Maler Erwin Lang (1886–1962) und Hans Eggenberger, A. Kunft, Ernst und Egon von Scharmitzer und Hans von Woynarowicz. Aus ihren Zeugnissen ist erkennbar, daß er eine starke Ausstrahlung hatte. So schreibt Ernst von Scharmitzer: «Mit einigem Staunen nahm ich wahr, daß mein Freund [Woynarowicz] in Doderer förmlich ein höheres Wesen sah. [...] Wann immer er etwas abzugeben hatte, gab er es mit innerster Befriedigung an Doderer weiter. Wichtig, so sagte er, der Opfernde, wichtig allein sei, daß Doderer gesund nach Haus komme: er sei ein großer Dichter.»[23]

Was seine Umgebung auch hier besonders beeindruckte, war Doderers enorme Gedächtnis-Begabung. So wird berichtet, er habe zum Beispiel eine eben gelesene Erzählung Scharmitzers ohne Manuskript wortgetreu wiederholt.[24] Zwar gab es auch in Krasnojarsk ein vielfältiges Lagerleben: *sechs Kaffeehäuser, zum Teile sehr behaglich, ein Theater, Bibliotheken*[25], aber Doderers Geldmittel waren erschöpft. Er meldete sich, zusammen mit seinen türkischen Zimmerkameraden, zum Holzfällen. Während ihrer Abwesenheit kam es zu einem schrecklichen Massaker: *Sechshundert junge russische Rekruten oben in den Kasernen beim Gorodok hatten gemeutert, die Stadt angegriffen, mit den Tschechen gefochten [...]. Diese sechshundert Mann waren überwältigt worden, hatten sich auf Gnade ergeben, wurden alle hingerichtet, sechshundert Mann, auf einer Wiese geschlachtet wie Vieh. [...] Neun ungarische Offiziere aus dem Lager hat man auch erschossen, im Verdacht der Anstiftung.*[26] Doderer kehrte erst nach diesen Ereignissen ins Lager zurück, aber von nun an herrschte die Angst. Mit den zurückflutenden «weißen» Truppen kamen im Herbst und Winter 1919 Elend und Krankheit nach Krasnojarsk. Tausende starben am Flecktyphus.

Im Februar 1920 wurde Koltschak erschossen, und im Frühsommer war Doderer zwölfhundert Kilometer weiter westlich beim Ernteeinsatz in der Nähe von Petropawlowsk. Inzwischen hatte er freilich beschlossen, sein Schicksal in eigene Hände zu nehmen. Zusammen mit einigen

Kameraden und mit Wissen des Gruppenführers Leutnant Haybach flüchtete er zu Fuß durchs nördliche Kasachstan Richtung Westen. Über die Einzelheiten dieser abenteuerlichen Reise ist wenig bekannt. Man vermutet, daß er schließlich als blinder Passagier mit der Eisenbahn nach Petrograd und von dort in einem Völkerbundstransport über Stettin nach Hamburg gelangte. Am 14. August 1920 war er wieder in Wien. *Ich stand in einem englischen Soldaten-Rock, den man mir zu Stettin nach der Landung meiner Zerlumptheit wegen gegeben hatte, vor dem Elternhause, in welches mich die inzwischen neubestallte Hausmeisterin, die mich nicht kannte, kaum hat hineinlassen wollen.*[27]

Ein trauriger Filou
(1920 – 1925)

Wovon soll ich leben – *eine glatte Frage, die Antwort, sofortige Antwort verlangt!*[28] Mit knapp vierundzwanzig Jahren war Doderer 1920 ein Kriegsheimkehrer ohne Ausbildung, bürgerlichen Beruf oder eigenes Einkommen. Es begann für ihn eine achtjährige, unfreiwillige «zweite Jugend» in materieller Abhängigkeit von den Eltern, die ihm in der Stammgasse Unterkunft, Nahrung und finanzielle Unterstützung gewährten.

Gleich als erstes hatte er ihnen mitgeteilt, er wolle jetzt Schriftsteller werden. *Ich bleibe bei der Stange, bleibe beim Handwerk – mitsamt meinen tiefen Zweifeln […], weil ich nicht anders kann.*[29] Fortan war sein Leben *bedingt von dem Erreichen eines für absolut richtig erkannten Zieles,* und das *führte naturgemäß zu Grausamkeiten* gegen die Umwelt – und gegen die eigene Person.[30] Der Vater, dessen Vermögen durch den politischen Zusammenbruch erheblich geschrumpft war, verlangte zumindest einen akademischen Abschluß. So begann Doderer noch im Herbst mit dem Studium. Er wählte *Geschichte und Psychologie, zwei Wissenschaften, die sich mit dem Leben unmittelbar beschäftigen. Dies wäre eine entsprechende Ausbildung für einen Prosa-Erzähler.*[31] Und er beschließt, ein Tagebuch zu führen *in der Meinung, daß ein solches fortlaufendes «Journal» für mich notwendig ist*[32]. Unter wechselnden Titeln und in wechselnder Funktion wird es ihn sechsundvierzig Jahre lang bis zum Tode begleiten.

Das Land, in das er heimgekehrt war, hatte sich dramatisch verändert. Das ehemals kaiserliche Wien war Hauptstadt einer Republik geworden. Galizien, Schlesien, Böhmen und Mähren, Dalmatien, Istrien, Teile von Kärnten, Tirol und der Steiermark waren verlorengegangen. Die im November 1918 ausgerufene «Republik Deutsch-Österreich» wurde mit dem Friedensvertrag von Saint-Germain gezwungen, sich in «Republik Österreich» umzubenennen. Sie umfaßte nur noch ein Viertel der Fläche der alten Monarchie und ein Fünftel der Einwohner. Der von allen Parteien befürwortete Anschluß an Deutschland wurde von den Alliierten verboten. Im Land herrschten Arbeitslosigkeit, Hunger und Not. Mehrfach kam es zu kommunistischen Aufstandsversuchen mit Verletzten und Toten, und auch nach deren Niederschlagung rissen die Demonstra-

Die Eltern. Nach dem Zusammenbruch 1918 hatte der Vater den größten Teil seines Vermögens verloren und war durch eine schwere Arthrose gelähmt. Dennoch blieb Doderer wirtschaftlich von ihm abhängig.

tionen nicht ab. *Man erinnert den ersten Dezember 1921 in Wien als einen Tag, an dem der Morgen für die mühselige Menschenmasse heraufgekommen war wie allemal, der Vormittag noch in Gleisen ablief; gegen Abend aber brachen Wut und Verzweiflung durch dünngewetzte, dem Druck nicht*

Kommunistische Demonstrationen in den Anfangsjahren der Republik werden blutig niedergeschlagen.

mehr gewachsene Umhegungen der Ordnung und des gewohnten Zwanges […]. Geheul und Getrappel füllten die Straße bis an die Dachkanten, eine Sturmflut von Menschen fegte herein. Wie die Schläge der Artillerie in den Lärm des Gefechtes, so fielen hier die knallenden und klirrenden Explosionen der eingedroschenen Scheiben von allen Ecken und Enden her in den Krawall. Daß der in relativer Abgeschirmtheit lebende Doderer gänzlich unberührt von den Stürmen der Zeit blieb, ist nicht wahrscheinlich. Aber die Massen, die einen Manès Sperber oder Elias Canetti so faszinieren sollten, lehnte Doderer ab. *Dieses Auf-die-Straße-Gehen* fand er *sinnlos und albern.* Er verabscheute die *neuen sozialistischen Mätzchen in der Industrie, Betriebsräte* und das ganze *Massengezappel*[33] und verharrte in einem Elitebewußtsein, das seinen konkreten Lebensumständen in keiner Weise entsprach. Denn weder besaß er die Mittel, um seiner *starken Neigung zu Luxus, Weltleben und Herrentum* in entsprechender Weise zu frönen, noch war er *Dichter auf eigene Kosten und Gefahr,* wie er sich das wünschte. *Am Familientische sitzend, empfinde ich zu meiner größten Qual die Unnützlichkeit und Dubiosität meiner Existenz.*[34]

Die Schriftstellerei war zunächst mehr Pose als Haltung, und auch der «junge Mann aus gutem Hause» war nur ein Trugbild: *Da ist der erste*

Stock in meinem Elternhause, ein feiner Duft aus den Havanna-Kistchen meines Vaters und vom Leder der Clubfauteuils. Ich lebte damals clandestin: ich verbarg mich, ich log, ich stahl – vor allem Bücher «aus der zweiten Reihe» in der Bibliothek des Vaters.[35] Denn der junge Mann brauchte Geld, um sich zum Beispiel ein Zimmer in einem Stundenhotel leisten zu können, und das kostete *mit Trinkgeldern für einmal fast 300 Kronen –* auch wenn das Mädchen «umsonst» war.[36] Indes, er *war ein trauriger Filou. Es fehlte ihm die Leichtigkeit, es fehlte ihm das Vergnügen an seinen eigenen Affären und Arrangements. Es fehlte ihm auch in allen Sachen das Vergnügen am Lügen.*[37]

Die politischen Parteien, die zur Lösung der wirtschaftlichen Schwierigkeiten unfähig waren, flüchteten sich in den Haß. Ihre Zielscheibe wurden die Juden. Die in vieler Hinsicht durchaus liberale, multikulturelle Monarchie hatte zwei Millionen Einwohner jüdischen Glaubens gehabt, davon über hunderttausend in Wien, die weitestgehend assimiliert waren. Aus Angst vor dem Nationalismus der Polen, Ukrainer und Russen flohen nach 1918 etwa dreißigtausend galizische Juden nach Wien – und wurden hier zum Anlaß einer zügellosen Agitation, besonders der «Christlichsozialen»: «Die auch im neuen Staat hervortretende Korruption und Herrschaft jüdischer Kreise zwingt die Christlichsoziale Partei, das deutschösterreichische Volk zum schärfsten Abwehrkampf gegen die jüdische Gefahr aufzurufen», hieß es in ihrem Programm.[38]

Für Doderer, der als Protestant und Nachkomme deutscher Einwanderer zu einer noch kleineren Minderheit gehörte, ging von seinen jüdischen Mitschülern und Offizierskameraden ein eigentümlicher Reiz aus. «Beträchtlicher freund-feindlicher Bezug bestand u. a. [...] zu Jaroslav F., einem aus Böhmen stammenden Juden, in den letzten Gymnasialjahren enthusiastischer Lobpreiser altösterreichischen Absolutismus»[39], und der kleine E. P., der Freund aus den Wochen der Reiteroffiziersausbildung war ebenfalls jüdischer Abkunft. Von der aufgeklärten Offenheit des jüdischen Bürgertums fühlte sich Doderer angezogen und herausgefordert zugleich, es faszinierten ihn aber auch antisemitische Theorien, wie sie von Otto Weininger in die Welt gesetzt worden waren, und die Vorherrschaft jüdischer Intellektueller und jüdischen Kapitals bei der Presse war ihm a priori verdächtig. Sich dort als freier Mitarbeiter bewerben zu müssen, erschien ihm als Demütigung. *Mir war nicht recht angenehm zu Mut,* heißt es im Januar 1921, *ich hatte diesen Besuch auch schon ein paar Tage hinausgeschoben – irgend etwas in mir sträubte sich doch sehr voreingenommen dagegen... Herr Elbogen... Herr Hirschfeld... Herr Wolff...* Aber er verstand sich zu arrangieren. Und gegen den vulgären Antisemitismus verwahrte er sich: *Von einer «jüdischen Gefahr» oder dergl. zu reden ist [...] lächerlich [...].*[40]

Am anderen Ende der Stadt: Blick in die Währinger Straße, um 1910

Der kleine E. P., mit bürgerlichem Namen Ernst Pentlarz, hatte Doderer nach seiner Rückkehr aus Sibirien begeistert begrüßt. *Was war das für ein Wiedersehen! Er hat mir, nachdem er erfahren, daß ich wieder im Lande sei, ein Telegramm von 14 Zeilen gesandt, auf die Villa meiner Eltern, um mich zu begrüßen.*[41] Alsbald besuchte Doderer den Freund in der Wiener Porzellangasse, wo dieser von seinen Eltern eine Wohnung geerbt hatte.

Doderer wollte weg aus dem «Stammhaus». *Ich habe Angst. Seit meiner Rückkehr aus Sibirien klebe ich jetzt da. Immer habe ich nach der gerade entgegengesetzten Seite der Stadt wollen...*[42] Die entgegengesetzte Seite der Stadt, das waren die Universität und der dahinterliegende IX. Bezirk, die Währingerstraße und die nach rechts zum Alsergrund abfallenden Gassen. Mit Beginn des Studiums verlagerte sich Doderers Leben immer stärker in diese Gegend. Zahlreiche Anziehungspunkte gab es hier: die Porzellangasse 44 mit der Wohnung des kleinen E. P., die Beethovengasse 4, wo der Privatdozent Hermann Swoboda wohnte, die Universitätsinstitute in der Währingerstraße, wo Doderer die Vorlesungen des Psychotherapeuten und nachmaligen Thomas von Aquin-Übersetzers Rudolf Allers besuchte, das Haus «Zum blauen Einhorn» in der Liechtensteinstr. 74, in dem 1823 der Dichter Nikolaus Lenau gewohnt hatte (dessen Mutter Therese von Maygraber eine von Doderers Ururgroßmüttern war).[43]

Das Haus zum blauen Einhorn

Unter den akademischen Lehrern Doderers hat Hermann Swoboda (1870–1963) mit seiner abseitigen Periodizitätslehre (Wiederkehr von Siebenjahresrhythmen etc.) eine fatale Rolle gespielt. Swoboda war Patient von Sigmund Freud gewesen, der beiläufig einen Lieblingsgedanken von Wilhelm Fließ mit ihm erörterte: das Prinzip der Bisexualität. Swoboda sprach darüber mit seinem Freund Otto Weininger, der «sich an die Stirn faßte und nach Hause eilte, um sein Buch niederzuschreiben»[44] – die berüchtigte frauenfeindliche und antisemitische Polemik «Geschlecht und Charakter» (1903), deren 25. Auflage Doderer 1923 mit heißen Ohren studierte. Wegen Swobodas Indiskretion kam es auf Betreiben von Fließ im Jahre 1904 (also schon nach dem Selbstmord Weiningers) zu einem Verleumdungsprozeß, den Swoboda verlor. Daß Doderer – zum Nachteil seiner ästhetischen Theorie – die Psychoanalyse stets ablehnte, wird man u. a. auf die Loyalität gegenüber dem Lehrer zurückführen müssen.

Wichtig für Doderers Romanwerk war der Einfluß des Historikers Oswald Redlich (1858–1944), der seine Studenten mit der Bedeutung der «privaten Geschichtsschreibung» in Memoiren, Briefen und Tagebüchern «unbedeutender» Zeitgenossen vertraut machte und Doderers Doktorarbeit betreute. In Redlichs Vorlesungen begegnete Doderer zahlreichen abgerüsteten Offizieren wie Bruno Brehm und Edmund Glaise-Horstenau.[45] Als Verfechter der «Reichsidee» tat sich der Historiker Heinrich von Srbik hervor, dessen einseitig auf den «Zusammenschluß aller Deutschen» gerichtete Geschichtsbetrachtung für den deutschstämmigen Doderer eine gefährliche Versuchung darstellte.

Schon während seiner Zeit als Gymnasiast und Einjährigfreiwilliger hatte es Liebesabenteuer für Doderer gegeben. Besonders beim «Haus zum blauen Einhorn» in der Liechtensteinstraße hat er häufig gelauert, um zu sehen, ob sich wohl eine ansprechen ließ. Verbürgt ist die Sommerliebe mit der vierundzwanzigjährigen Näherin Ida Plankl im Jahre 1912. Auch als er 1916 zurück an die Front mußte, wurde er von einem jungen Mädchen am Bahnhof verabschiedet.[46] Erst nach seiner Rückkehr aus Sibirien aber begegnete Doderer der Frau seines Lebens: Auguste Leopoldine Hasterlik war einen Monat älter als er und wohnte in der «richtigen» Gegend der Stadt (in der Wickenburggasse 18). Sie hatte studiert (an der Musik-Akademie), ihr Vater war der Obermedizinalrat Dr. Paul Hasterlik, ein Zahnarzt.

Was hat Doderer an dieser Frau fasziniert? War es *die überaus gerade und feine Nase, nächst den veilchenblauen Augen vielleicht die größte Schönheit in diesem Antlitz*? Waren es die *aufgeklärten und sozialisierenden Anschauungsweisen des Fräuleins,* waren es die *Proben weiblicher Weisheit,* war es *die jüdische Abkunft,* war es ihr *fanatischer Ernst* oder die Tatsache, daß sie das Licht anließ, wenn sie mit ihm ins Bett ging?[47]

Die Wickenburggasse 18. Hier wohnte Gusti Hasterlik bei ihren Eltern.

Auf jeden Fall war sie eine Provokation, eine von den jungen jüdischen Frauen, vor denen sich schon Otto Weininger zu Tode erschreckt hatte. *In jener ersten, allerersten Zeit,* schwärmt Doderer im Tagebuch, *kam es mir überhaupt garnicht in den Sinn, daß eine Frau wie diese den bürgerlichen Konstellationen unterworfen sein könnte.*[48] Die Schöne hatte nur einen Makel: Sie war die Freundin des kleinen E. P.

Nach einer Heurigenpartie zu dritt am 24. Juli 1921 war es damit vorbei: Doderer spannte seinem Offizierskameraden die Frau aus. Unter dem Datum vom 25. Juli notiert er: *Spät am Nachmittag klingelt mich G. an – «ich hätte noch ihre Handtasche in der Manteltasche, möge sie ihr abends 8 h bringen».* Und dann heißt es weiter: *Sommernacht. G's Zimmer. Grammophon, Ländler spielend, gegenüber. [...] Gemeinsames Frühstück. vm. Gang in die Stadt. Abschied am Kai, ich gehe ins Dianabad schwimmen, komme 2 h nm. heim, Astri höchst besorgt, macht mir Vorwürfe.* Ganz glücklich war wohl auch der kleine E. P. nicht, aber man lebte ja nicht mehr im 19. Jahrhundert: Wegen der Verletzung der Offiziersehre floß kein Blut.

Gusti scheint zu Doderers Vorstellungen von einem «freien», antibürgerlichen Leben auf ideale Weise zu passen. Dem Zeitgeist entsprechend ist sie ihm nicht nur Geliebte, sondern auch Freundin und geistige Kameradin. Seinen *sexuellen Machtwillen*[49] ist er bereit, ihrer Selbständigkeit unterzuordnen, und so drängt sie ihn in die Defensive. Am Neujahrstag 1922 erklärt sie ihm: «Du bist schwach, Du bist unfähig für's praktische Leben!» Doderer akzeptiert es und muß auch verkraften, daß sie ihm von früheren sexuellen Erfahrungen mit anderen Männern erzählt. Selbstquälerisch, aber auch mit literarischen Hintergedanken notiert er in seinem *Journal,* wie ein norwegischer Offizier seine Gusti auf Händen getragen, verführt, geküßt und veranlaßt hatte, *sich seinen erotischen (vielleicht in diesem Falle besser: sexuellen) Besonderungen und Eigenarten anzupassen.* Dann wieder geht Gusti auf «Dienstreise». Doderer sieht sich gedemütigt: Ihr Chef, *der materiell potente Mann, nimmt mir für längere Zeit meine Frau weg.*[50] Ein Vierteljahrhundert später wird das alles in der *Strudlhofstiege* auftauchen.[51]

Vorläufig rächt sich Doderer mit einem Antisemitismus, den er jahrelang gar nicht als solchen begreift. Angriffspunkt seiner Abneigung ist die Mutter der Geliebten. *Irma H. ist eine überaus kluge und – was schlimm ist – eine sehr listige Frau,* mutmaßt er schon im Herbst 1921, *ich habe mich vor ihr in Acht zu nehmen. Sie sieht mich zweifelsohne unter dem Gesichtswinkel des Heiratskandidaten [...]. Sobald sie aber über meine Person Näheres erfahren haben wird (etwa meine völlige Armut) dürfte ich in ihr eine nicht zu unterschätzende Feindin haben.*[52] Gusti im Elternhaus vorzustellen wagt Doderer nicht. Inoffiziell nur darf sie ihn in der Stammgasse aufsuchen, als er wegen einer Grippe bettlägerig ist. Die auf diese Weise herbeigeführte Begegnung mit der Mutter und den Geschwistern bereut der junge Mann rasch. *Es werden mir bald alle Mitglieder meiner Familie gestohlen werden können. Die Männer primitive, ideologische deutsche Lümmel, die Frauen unfähig zu jeder irgendwie weitergehenden Differenzierung.*[53]

Angesichts der Tatsache, daß er der Jüngste war, versteht es sich, daß Doderers Geschwister für ihn eine große, ja, lange Zeit geradezu beherrschende Rolle gespielt haben. Ilse (verh. Mayer), die Älteste, war nach Innsbruck gegangen, wo Doderer sie im Herbst 1922 besuchte. Almuth (verh. Martinek) war ebenfalls aus dem Haus. Immo hatte seinen jüngeren Bruder 1921 mit einer heimlichen Amerikareise beeindruckt. Astri (die *Asta* der *Strudlhofstiege*) war mittlerweile mit dem Architekten Hans von Stummer verheiratet, wohnte aber mit ihrem Mann nach wie vor in der Stammgasse und «bemutterte» ihren drei Jahre jüngeren Bruder sehr energisch. Seiner Verbindung mit Gusti Hasterlik stand sie feindselig gegenüber. Die erkennbar schönere und anspruchsvollere Helga *(Etelka)* war mit dem ungarischen Konsul Ernö Hauer verheiratet, den sie freilich mit dem Konsul Robert Kronholz (genannt «Pompeius») betrog. Der Vater war aufgrund *eine[r] bei seinen Jahren nicht mehr heilbare[n] Gelenkserkrankung* nahezu unbeweglich geworden, *ein Adler mit geknickten Schwingen […]. Gleichwohl, es hieß sich in acht nehmen, sonderlich wenn man von dem alten Manne abhängig geblieben war […].*

Allen Mitgliedern der Familie Doderer gemeinsam war, daß sie außergewöhnlich sein wollten. *Diese Menschen, die manches vermochten, hätten doch eines unmöglich fertiggebracht: nämlich ganz gewöhnliche Menschen zu sein.*[54] Und so versteht es sich, daß auch der jüngste Sohn der Familie seine Unsicherheit energisch zu kompensieren versuchte. Schriftsteller, Salonlöwe, Sportskanone, Frauenheld – alles wollte er gleichzeitig sein. Während Gusti Anfang 1922 auf Reisen ist, tritt Doderer *probeweise* in einen Boxverein ein. Das Ergebnis befriedigt ihn wenig: *Mi. 8. 2. abend $^1/_2$8 Uhr wurde ich beim W. A. C. in der zweiten Runde knock-out geschlagen.* «Der Krieg hat alle bürgerlichen Sitten gelockert», erzählt Hilde Spiel, «man ist es sich schuldig, fremden Menschen begehrlich zu erscheinen, bis an die Grenze zu gehen im hautnahen Tango, weiter meist nicht. Nach einer Redoute erhält [meine Mutter] anderntags ein Bouquet, dessen Pracht und Größe alles in den Schatten stellt, was es je an Blumen [bei uns] gegeben hat. Ein Herr von Doderer, Tanzpartner meiner Mutter in der vergangenen Nacht, hat sie von einem Dienstmann abliefern lassen. […] Im folgenden Sommer besucht [sie] mit mir das Döblinger Schwimmbad. Wir lagern auf der Wiese, als ein eckiger junger Herr im Badehöschen auf [sie] zutritt und sich zeremoniell verneigt. Ihr ist es peinlich, ihn im grellen Sonnenlicht wiederzusehen…»[55] Und es gibt noch eine dunklere Seite des jungen Mannes.

Wenn er nicht zu Hause, bei seiner Geliebten oder beim Studium ist, verkehrt Doderer bei seinen Kameraden aus Sibirien, die inzwischen

An den Kreis von Freunden neuer graphischer Kunst!

In einer von Kitsch und schlechter Mache überschwemmten Zeit hat der Haybach-Verlag die Aufgabe übernommen, die Wiener graphischen Künstler zu propagieren. Die zeitgenössischen Verhältnisse der Produktion erfordern hiezu auch die bewußte Mitarbeit aller Freunde des Verlages. Daher haben wir uns entschlossen, zur Teilnahme an dem „Kreis von Freunden neuer graphischer Kunst" einzuladen. Jeder Interessierte kann sich diesem „Kreis" anschließen, infolange eine gewisse obere Grenze der Teilnehmerzahl (ca. 200) nicht überschritten ist. Der jährliche Beitrag jedes Teilnehmers beträgt 350.000 Kronen. Der Teilnehmer erhält hiefür jährlich ein größeres graphisches Werk (Mappenwerk mit Original-Graphik, Holzschnittwerk in Folio etc.), überdies die Begünstigung, alle anderen im Verlage erschienenen Werke, sowohl Graphika als Bücher, zu besonders ermäßigten Preisen beziehen zu können. Durch den geschlossenen Teilnehmerkreis wird es möglich sein, jährlich ein größeres Werk speziell für denselben als Privat-Druck auszugeben, wobei sich die Höhe solcher Auflage nach der Zahl angemeldeter Teilnehmer richtet; hiedurch ist es dem Verlage aber auch ermöglicht, dieses Werk zu Mitarbeiterpreisen zu überstellen. Teilnehmer kann jede Einzelperson, Vereinigung, Sammlung oder Galerie werden.

Von den derzeitigen Mitarbeitern unseres Verlages führen wir an: Richard Billinger, Hans Böhler, Josef Dobrovsky, Heimito Doderer, Paris Gütersloh, L. H. Jungnickel, Erwin Lang, Lili Steiner, Andreas Thom, Franz Zülow.

Als erster Druck, im Jahre 1924, ist für den „Kreis" in Aussicht genommen: Paris Gütersloh: Kain und Abel. Eine Legende mit 10 farbigen Lithographien. Groß-Folio.

Rolf Haybach

Wien 18. Scheibenbergstraße 8

1923. Rundschreiben des Haybach-Verlags

ebenfalls nach Wien zurückgekehrt sind. Gesellschaftlicher Mittelpunkt ist der Salon von Erwin Langs Mutter, die dem christlich-völkisch engagierten Rudolf Haybach einen kleinen bibliophilen Verlag finanziert, zu dessen Autoren Richard Billinger, Albert Paris Gütersloh und Erwin Lang zählen. Hier erschien 1923 Doderers erste Buchpublikation, der Gedichtband *Gassen und Landschaft*, und im Jahr darauf (mit Illustrationen von Erwin Lang!) *Die Bresche*, eine große, novellenhafte Erzählung, deren zentrales Ereignis der Durchbruch des siebenundzwanzig-

jährigen Jan Herzka zur Verwirklichung seiner sadistischen Neigungen ist: *Der Umstand, daß seine linke Hand an den Ausschnitt ihres Kleides kam, wirkte nur mehr wie der Druck auf einen Schalter [...]: geradeso, daß seine Rechte ihren Gürtel an der Hüfte berührte – schon war der Gedanke da, damit ihre Hände zu binden. [...] Die Seide schrie, als er sie mitten durchfetzte, bis auf den Gürtel herab [...]. Was dann kam war wie Sterben. Aber der Automat in ihm lief weiter. Er trat gleich ohne weiteres vor den Spiegel, ordnete das Haar, die Krawatte, den Kragen [...]. Dann beugte er sich über Magdalena. Sie lag zusammengebrochen [...]; sie wimmerte leise. Ihre sehr helle Haut zeigte überall die rötlichen Male der Geißelung.*[56]
Der Text ist ein Bekenntnis, ein literarisches Coming-out. Denn dieser Jan Herzka, das ist auch Doderer selbst. Aus seinen Tagebüchern geht hervor, daß seine Persönlichkeit von derselben sexuellen Verwerfung geprägt ist wie die seines Helden. *Die Bresche* (1921 entstanden) ist Ausfluß seiner *fortgesetzten sadistisch-lasziven Vorstellungen*[57], die wahrscheinlich schon in der Kindheit durch bestimmte grausame Abbildungen vom Leben und Sterben der Heiligen bei ihm ausgelöst wurden. Auch unter den überlieferten sibirischen Texten hatte es ja eine Traumphantasie mit sadistischem Inhalt gegeben: *Der Brandstuhl.* Die Art und Weise, wie Doderer über seinen Jan Herzka spricht (*er hatte den Hut im Genick, die Hände in den Taschen*[58]), und manche «biographischen» Übereinstimmungen legen nahe, daß er sich mit ihm identifizierte.

Formal gehört *Die Bresche. Ein Vorgang in vierundzwanzig Stunden* mit der wahnhaften Getriebenheit ihrer Figuren, ihren vielen Ausrufezeichen, Gedankenstrichen, Doppelpunkten, Abstrakta, Ellipsen, lyrischen Einsprengseln etc. wohl zu einem verspäteten Expressionismus, freilich ohne dessen moralische Kraft. Der damals schon fast fünfzigjährige Hugo von Hofmannsthal, der literarische Star im Salon von Erwin Langs Mutter (und beileibe kein Expressionist), soll über *Die Bresche* gesagt haben: «Also, was dieser Mann da will, ist mir völlig un-erfindlich!» Was Doderer noch Jahrzehnte später «mit extrem nasalem Tonfall» zitierte.[59]

Anfang 1925 reichte Doderer bei Oswald Redlich seine Dissertation *Zur bürgerlichen Geschichtsschreibung in Wien während des 15. Jahrhunderts* ein, und am *22. Juli mittags stieg ich im Frack, mein Diplom unterm Arm, die breite Treppe von der Rampe der Universität herab, mit Dr. Reif und Gusti. Unten gab ich einem Wagentürlaufmacher zwei Silber-Stücke. Ich war soeben zum Doctor promoviert worden: wir gingen in's Café «Herrenhof» und tranken ein Glas auf den erledigten Abschnitt.*[60]

Es war ein glücklicher Sommer. Doderer, der alle prominenten Autoren der Gegenwart trotzig ablehnt, entdeckt Kafka und Dostojewski für sich. Im September fährt er zum erstenmal nach Italien: *Gusti erwartete mich in Rovereto am Bahnhof [...] sodann Riva-Bologna-Florenz mit G.* Er fühlt sich gänzlich im Einklang mit seiner Zeit: *Unser Erdteil hier aber ist jetzt zugleich offen, gerüttelt, herrlich lebendig in allen Gliedern jedenfalls in einer von seinen besten Zeiten stehend (ich möchte in keiner anderen gelebt haben, diese unsere Zeit scheint mir als die denkbar schönste, herrlichste, ich bekenne mich ohne jede Zurückhaltung zu ihr).* Das eigentliche Ziel ist Assisi, die Stadt des hl. Franziskus, dessen 700. Todesjahr 1926 bevorsteht. Hier hält sich Doderer einige Wochen allein auf. Ausführlich schildert er die Stadt und seine Wanderungen in der Stille und Weite der umbrischen Berge. Höhepunkt des Tagebuchs sind die innigen, dem hl. Franziskus gewidmeten Zeilen: *Die Zartheit dieser Gestalt entrückt sie fast dem Bereich des Wortes [...] er war, wie er ging und stand, die schlackenloseste und restloseste Verwirklichung des Evangeliums, welche nur überhaupt gedacht werden kann. [...] Dieses Zarte, stets Flüssige, immer Junge und Werdende im Wesen des Franciscus drückt sich in hundert verschiedenen Formen aus, vor allem aber in der Verleugnung jeden Besitzes: auch des geistigen «Besitzes», des Wissens, der Gelehrsamkeit.*[61] Es steht außer Zweifel, daß sich Doderer mit diesem Bild des Heiligen identifiziert, daß es ihm Vorbild sein soll. *Seine Jugend [war] noch ganz erfüllt vom ritterlichen Ideal,* schreibt er, *und auch später blieb er ein «Spielmann Gottes».*[62] Als Doderer 1940 konvertierte, wurde der hl. Franziskus sein Namenspatron.

Der Anti-Schriftsteller
(1926 – 1933)

Zwischen 1926 und 1933 werden Doderers Tagebuchnotizen spärlicher und setzen zeitweise ganz aus. Erkennbar ist trotzdem, daß es Jahre der Zerrissenheit waren, in denen Doderer in ökonomischer, politischer und sexueller Hinsicht ein Doppelleben geführt hat. Konnte er von seinen literarischen Einkünften leben, oder mußte er sich eine andere Existenz suchen? Schriftsteller oder *Anti-Schriftsteller*?[63] Sieben Jahre lang quälte er sich mit dieser Frage herum. Am Ende standen Dutzende von ungeliebten Zeitungsartikeln, viele ungedruckte Manuskripte, zwei ziemlich gegensätzliche Buchveröffentlichungen[64], der Zusammenbruch seiner Beziehung zu Gusti und der Absturz in den Faschismus. *Er lebte umgeben von so vielen nebeneinander aufgestellten und hochgeschraubten Maß-Stäben, daß es im Effekt auf ein Existieren hinter Gittern hinauslief.*[65]

Auf das Stipendium beim Institut für österreichische Geschichtsforschung, das ihm 1923 zuerkannt worden war, hatte er verzichten müssen, als er, wie die Fama dieser ehrwürdigen Einrichtung noch Jahrzehnte später berichtet, «in den Räumen des Institutes in Gesellschaft einer jungen Dame angetroffen» worden war.[66] Aber *Professor sein und verheiratet* wollte er ja ohnehin nicht.[67] *Eine «Stellung» (wenn eine solche gefunden werden kann) bedeutet eine schwere Gefährdung meiner Arbeit*, notiert er am 23. Dezember 1925, und drei Wochen später bewirbt er sich doch bei Westermann in Hannover: *Ich strebe dringend eine – wenn auch bescheidene – Stellung in einem Verlage oder bei einer Zeitschrift an, bemühe mich hier in Wien aber vergeblich darum.*[68]

Doderers Einkünfte als Mitarbeiter verschiedener Tageszeitungen waren gering. Übriggeblieben ist davon aber keineswegs nur das brillant satirische Kapitel *Die Allianz* in den *Dämonen*. Die Gegenstände, mit denen er sich beschäftigte (Rußland, Mittelalter / Neuzeit, Kollektivismus / Individualismus, Drachen etc.), tauchen später alle im erzählenden Werk wieder auf. Fatal ist eigentlich nur die ständige Selbstzensur, die er übte. Wenn Doderer behauptet, *daß er bei der Zeitung stets ein Fremder und Außenseiter blieb*[69], so lag das daran, daß er zu allen demokratisch-liberalen Tendenzen in Opposition stand. Die Hasterliks unterstützten seine journalistische Karriere. Gusti verschaffte ihm Aufträge, die

EINLADUNG.

26. März 1926, ½8 Uhr

Heimito Doderer

Aus eigenen Arbeiten

(Nur Unveröffentlichtes)

✱

PROGRAMM:

1.) Einleitung: Ueber Lesen und Hören (gesprochen von
Karl Motesiczky)

2.) Divertimento Nr. 2.

Sitze zu Schilling 2.50 und 1.50, Stehplätze zu 80 Groschen bei
Hugo Heller, L, Bauernmarkt 3 und beim Portier des Ingenieur-
und Architektenvereines.

Der Veranstalter: Karl Motesiczky.

Doderers
«Divertimenti» waren
zum öffentlichen
Vortrag bestimmt.

«Wickenburg» stand ihm jederzeit offen, und obwohl ihm die Atmosphäre dort am Ende genauso verhaßt war wie das *überflüssige Geschreibe
in Tageszeitungen* selbst[70], hat es sicher Zeiten gegeben, wo er in Irma
Hasterliks Salon ganz gern den genialischen Außenseiter gespielt hat.

Doderers «eigentliche» Arbeit war die literarische Produktion. In kür-
zester Zeit entstanden zwischen Ende 1925 und 1926 fünf «Divertimenti»
und *Sieben Variationen über ein Thema von Johann Peter Hebel.* Die
Divertimenti, eine Gattung, die Doderer selbst erfunden hatte, sind mu-
sikalisch komponierte Novellen, die zum mündlichen, höchstens einstün-
digen Vortrag gedacht waren. Tatsächlich hat Doderer durch Vermitt-
lung seines jüdischen Freundes Karl von Motesiczky No. II und IV am
26. März 1926 im Mittleren Saal des Österreichischen Ingenieur- und Ar-
chitektenvereins und am 16. März 1927 in den Clubräumen des Nieder-
österreichischen Gewerbevereins öffentlich vortragen können und dank
der Eintrittspreise von 2½ bzw. 1½ Schilling (auf den Stehplätzen

80 Groschen) auch etwas damit verdient. Die wenigen Rezensenten allerdings wußten vor allem die Gedächtnisleistung des Autors zu rühmen, der frei sprach. «Ein Verschrobener, doch einer mit genialem Einschlag», kommentiert Robert Neumann.[71]

Daß Doderer die Divertimenti zum mündlichen Vortrag bestimmte, war aber keine Absonderlichkeit, sondern eine recht professionelle Spekulation auf das neue Medium von damals, den Rundfunk. So notiert er 1926 (zwei Jahre nach Beginn regelmäßiger Rundfunksendungen in Österreich): *Der moderne Dichter muss – ebenso wie der Sänger alter, primitiver Zeiten und Kulturen – in der Lage sein, seine Hörer jederzeit spannend […] zu unterhalten.* Die *moderne Prosadichtung* sei *zunächst einmal vom Buche losgelöst*, man solle sie über Radio und Schallplatte verbreiten.[72]

Ähnlich wie eine Sonate umfassen die Divertimenti jeweils vier «Sätze», und der musikalische Charakter dieser *Ausdrucksprosa*[73] wird noch durch Leitmotive, eingesprengte kleine Gedichte und eine rhapsodische Sprache mit zerrissener Syntax betont. Obwohl (mit Ausnahme des IV.) alle Divertimenti in Wien spielen, ist die Sprache des Erzählers bemüht hochdeutsch, nur in wörtlicher Rede findet sich Dialekt. Die Handlung besteht meist in der Darstellung seelischer Katastrophen, die am Ende zur Menschwerdung führen. An die Stelle psychologischer Analyse tritt hier schon Doderers «fatologischer» Ansatz, der die Alltagsvernunft durch den Hinweis auf irrationale, schicksalhafte Zusammenhänge auszuhebeln versucht. Recht deutlich wird dies am fünften, dem heitersten Divertimento: Georg, ein etwas pedantischer Büroangestellter, der sich von Alltagsnichtigkeiten überfordert fühlt, erleidet einen Unfall, und während er im Spital liegt, regeln sich alle seine Probleme von selbst. Programmatisch heißt es zu Anfang: *Und umgibt uns gleich die Welt in ihrem Grunde immer stillwartend und klar wie Glas: […] wir zappeln im Netz.*[74]

Die anfangs so kameradschaftlich unkonventionelle «freie Liebe» zu Gusti war einer zähen «Verlobung» gewichen. *Monogamie entfärbt mein Leben*, beklagt sich Doderer im Januar 1925, und nach der Rückkehr aus Italien zeigt sich, daß er noch andere Vorlieben pflegt: *[Heute sass] im H-Wagen, ca. 5 h abend, mein Typus – eine jüdische Dame von ca. 40 Jahren; sie wohnt – ich glaube nach den ersten Nachforschungen dies annehmen zu dürfen! – Schüttelstrasse 99.*[75] Spätestens seit seinem Examen sah Doderer, der sein ganzes Selbstgefühl aus dem Bewußtsein bezog, daß er zum *Prosaschriftsteller* bestimmt sei, in den bürgerlichen Ansprüchen seiner Verlobten und ihrer Familie die größte Gefahr für seine «*Mission*» und behandelte sie, wie er eingesteht, *mit verbrecherischer Nachlässigkeit.*[76] So kommt es zu einer *inneren Katastrophe* bei Gusti. Während eines Aufenthalts in Neapel im Frühjahr 1926 beschließt sie,

1926 in Baden bei Wien. Versöhnung mit Gusti Hasterlik.

auf ihn zu verzichten. Aber kaum ist sie wieder in Wien, da fleht er sie an, bei ihr bleiben zu dürfen. Was später aus der Distanz der *Strudlhofstiege* fast als Komödie erscheint[77], muß im «wirklichen Leben» sehr schmerzhaft gewesen sein. *Wir strebten zueinander, aber es war ganz vergebliche Liebesmüh, der Boden brannte, auf dem wir stehen wollten. […] In der letzten Schreckensnacht schrie ich ihr […] ins Gesicht, sie sei mein «Feind».* Überliefert ist der zwanzig Seiten lange Entwurf eines Briefes an Helga Hauer, in dem der nach Budapest geflüchtete Doderer seine neun Jahre ältere Schwester bittet, an seiner Stelle mit der Geliebten zu sprechen: *Rette, wenn da noch zu retten ist: dann rette uns beide.*[78] Schließlich kommt es in Baden bei Wien zu einer erpreßten Versöhnung, allerdings zu Bedingungen, die Doderer im Grunde nicht akzeptiert.

Ein halbes Jahr später war Helga, seine Nothelferin, tot. Verstrickt in eine verzweifelte Liebesaffäre mit einem verheirateten Ungarn hat sie sich im Januar 1927 mit Tabletten vergiftet und starb als einziges der Geschwister vor Doderer selbst. Ihr Selbstmord traf ihn in einer labilen Situation. Erst Monate später fand er Kraft zu einer Skizze, die seinen Anteil an Helgas Ende umreißt: *Elende Vorstadtgasse in Budapest, ein öder Raum zwischen zwei fensterlosen Feuermauern, abgeschnitten dieses Stück Erde von allem, was noch wächst, wird, blüht, Saft hat – kaum mehr Erde zu nennen, dieser von den Säuren der Abfälle und Aborte durchgiftete Boden. Unweit davon ein Friedhof […]. Dies alles sah ich nur halbschief, aus Augenwinkeln, denn ich verbrachte damals meine Tage und Nächte bei einer Sterbenden, nahebei im Spital […].*[79]

Wenn es in Doderers Jugend ein Erlebnis gab, das er der Mehrzahl seiner Altersgenossen voraushatte, dann war es seine Kriegsgefangenschaft in Sibirien. Schon sein erster veröffentlichter, durchaus erzählender Text (*Das russische Land*, «Wiener Mittags-Zeitung» vom 16. Oktober 1920) hatte dieses Erlebnis zum Thema, und seine immer wieder betonte *Russophilie* war ja auch in der *Bresche* erkennbar.

Man mußte in den zwanziger Jahren kein Kommunist sein, um die russische Revolution faszinierend zu finden, und wie es scheint, hat Doderer eine Zeitlang den Bürgerschreck genauso gern auf der Linken wie auf der Rechten gespielt. Er benahm sich *wie die Menschen beim Anfangsunterricht im Skilaufen: das eine Brett will dahin, das andere dorthin*[80]. Und gelegentlich ging seine Begeisterung für die Bolschewiken noch weiter. *Seit die rote Flammenwand des Krieges und des Bürgerkrieges gesunken ist,* heißt es 1925 im Tagebuch von Assisi, *stehen wir voll tiefer Achtung und sehen mit warmen, klopfenden Herzen hinüber (Gott bewahre Russland – auch in der ferneren Zukunft! – vor jeder Reaction).*

Studien zu einem «russischen» Divertimento gab es schon vorher. Am 21. Mai 1924 skizzierte Doderer vier *Extrema*, darunter eine Vorform des späteren *Grenzwald*-Motivs: *Etwas oberhalb des Lagerplatzes gibt es*

Die Schwester Helga/Etelka, die 1927 in Budapest Selbstmord beging.

einen kleinen Rot-Tannen-Bestand unter dem Meer von Birken, weit öffnet sich alles von da aus und das Erschlossene schaut zugleich zwischen die dünnen Stämmchen und hinein in das Wäldchen... wie in ein Zimmer. 1924 erschien ihm dieser Text *mißlungen*, als *Feuilleton mit aufgelöster*

Sprache[81], aber um politische Analysen ging es ihm auch nicht. *Meine persönliche Meinung (die ich aber sozusagen nur für mich allein habe – ich weiss, dass vielfach ganz anders gedacht wird, offenbar auch mit Grund!) ist die, dass politische Geschichte überhaupt zum Belanglosen gehört [...]*.[82] Für einen Historiker ein damals ungewöhnliches Bekenntnis, für Doderer programmatisch: Zeitlebens wird er die schmale Linie verfolgen, die zwischen dem persönlichen Erleben des Menschen und seinem Zeitalter liegt.

Während er seine Divertimenti sonst in wenigen Wochen hinwarf, brauchte Doderer diesmal fünf Jahre, um das Werk zu vollenden: *Ich habe am 13. Juni [1929] das VII. Divertimento beendet [...]. Beim Diktat zeigte sich dann, dass diese Arbeit – ein Roman geworden ist, es sind über 150 Seiten Maschinschrift.*[83] Am Ende ist *Das Geheimnis des Reichs* (der «völkische» Titel entspricht den letzten Worten von Gerhart Hauptmanns «Emanuel Quint»!) formal und politisch ein Zwitter geblieben: ein Divertimento mit romanhafter Handlung, unter Einschluß autobiographischer Elemente. Drei Hauptfiguren bestimmen den Blick: Doderers Alter ego, der schriftstellernde Gymnasiast in Uniform René Stangeler, sein Freund Dorian und der etwas ältere Jan Alwersik (Hans Eggenberger). Zusätzlich gibt es noch einen Ich-Erzähler, der sich 1928 von Wien aus an Rußland erinnert und offenbar Doderer selbst ist: *Dort außen Sonne und das Hinausgewürfel der Massen [...] – nach herinnen zu aber, von irgendwo an beginnend, bin es dann ich selbst mit der Verschlossenheit und dem Purpur meines Innern. [...] Ich lebe körperlich seit zweiunddreißig Jahren. Alles ist in mir eine einzige Qual und war nie anders.*[84]

Einzel- und Kollektivschicksal, Innen und Außen, stehen den ganzen Roman hindurch gegeneinander. Aus dem Gymnasiasten René Stangeler wird der Kriegsgefangene, der am Ende aus Sibirien flüchtet und wieder nach Wien kommt. *Lausche in Dich, Du hast's doch erlebt: dieses Bein ist marschiert, diese Arme haben auf dem weiten Strom die Ruder geführt, diese Brust hat sich mit Luft aus den mächtigen Wäldern gefüllt, diese Hände haben die Axt arbeiten lassen!*[85] Das kollektive Schicksal ist diskontinuierlich, chaotisch, macht Menschen zu Opfern oder Verbrechern, aber sie bleiben dabei immer sie selbst. *Schaum und Schmutz trieb die Revolution vor sich her an ihrem Rande.* Korruption, Verrat und Mord, *ein wahrer Splitterregen losgerissener, entfesselter Einzelner begleitete draußen an der umschwingenden Peripherie dieses neue Werden.*[86] Alwersiks Geliebte, die Krankenschwester Katharina (Katjä) Poccal, die Dorians Jugendfreundin in Wien war, und ihr Ehemann, ein polnischer Hauptmann, werden auf Befehl des «internationalistischen» roten Stadtkommandanten Hugo Blau auf grausame Weise heimlich exekutiert, weil sie womöglich aufdecken könnten, daß er früher seine Offizierskameraden bei den «weißen» Standgerichten als Sympathisanten der roten Armee denunziert hat. Wesentlicher und für Doderers Gesamtwerk typischer Gedanke hinter dieser teilweise abenteuerlich konstruierten Handlung: die *Einheit allen Lebens, dort und hier – und daß es – [...] keine Zufälle [gibt]*[87].

Einen eigentümlichen Fremdkörper bilden die eingesprengten historischen Referate, in denen die Geschichte des Bürgerkriegs in knappen Zügen, aber voll Begeisterung nacherzählt wird – mit Wertungen, die gelegentlich an Oswald Spengler erinnern[88], insgesamt aber durchaus originell sind (so zum Beispiel wenn Trotzkis Rotarmisten *blonde Soldaten, arm wie Franziskaner*[89] genannt werden). Mit all ihren Zahlen, Daten und Fakten sollten diese Passagen nur eines beweisen: daß der Erfolg der russischen Revolution rational nicht erklärt werden konnte. *Begreift jemand das Geheimnis dieses Reichs? [...] War Lenin, der Internationalist, Freigeist und Gottesleugner etwa nur der treueste Knecht des heiligen Rußland, so getreu, daß er selbst es nicht wissen konnte und erst spätere Zeiten dahinter kommen werden?*[90] Nicht zuletzt wegen dieser Passagen blieb das Buch ein außenseiterischer Versuch, mit dem Doderer zwischen die entstehenden politischen Fronten geriet. Es erschien im Februar 1930 im Saturn-Verlag des später nach Amerika emigrierten Fritz Ungar – einer genossenschaftlichen Gründung, die von ihren Feinden als «Judenverlag» diffamiert wurde. Es genügte Doderer nicht, daß Hans Flesch-Brunningen ihm in der «Vossischen Zeitung» vom 29. Juni 1930 bestätigte, dies sei «ein rabiates Dokument, ein männliches Dokument». Er hat einer Neuauflage nie zugestimmt.

Der pathetische Abschied: *Lebt wohl, Kameraden. Bei euch war das Reich, war das Heil*, war durchaus programmatisch. Doderer war Ende der zwanziger Jahre mehr denn je von alten Kameraden umgeben. Den *Aufbau eines gemeinsamen Lebens* mit Gusti hatte er sich vorgenommen, nach der großen Krise des Sommers 1926[91]; aber erst im Oktober 1928, im Alter von zweiunddreißig Jahren, gelang es ihm endlich, aus seinem Elternhaus auszuziehen. Er erfüllte sich einen lange gehegten Wunsch und nahm sich ein Zimmer *auf der entgegengesetzten Seite der Stadt*, in der Döblinger Hauptstraße 39. Aber zu Gusti führte ihn dieser Schritt nicht. Sein Vermieter war sein um vier Jahre jüngerer Neffe Dr. Kurt Mayer (als Romanfigur Dr. Körger).

In der Döblinger Hauptstraße und in vielen folgenden Ateliers und anderen Untermietzimmern (Scheibengasse 1, Pfarrwiesengasse 13, Hardtgasse 34, Eroicagasse 15, Obkirchergasse 45 und Hartäckerstraße 19) entstand, was Doderer später die *Unsrigen* oder den *Döblinger Montmartre* genannt hat. Zu diesem lockeren, zunächst wohl nicht unbedingt präfaschistischen Freundeskreis gehörten etliche «Sibiriaken», aber auch neue Bekannte. Häufiger genannt werden: die Maler Erwin Lang, Gottfried Goebel und Greta Freist, der Verleger Rudolf Haybach, der ehemals kommunistische, inzwischen rechtskonservative ungarisch-jüdische Zeichner Béla Faludy (der Gyurkicz der *Dämonen*), der Reklamefach-

Der Auszug aus dem Elternhaus – mit 32 Jahren.
Endlich am «anderen Ende der Stadt».

mann Fritz Feldner (dort: Höppner) und schließlich auch der *Rittmeister* Otto Dressel (geb. am 19.1.1886 in Sonneberg, gest. am 11.11.1947 in St. Wolfgang), der sich «von Dressel–Uilefeldt» nannte und mit seiner Rotte von vergnügungssüchtigen Zechern (dem *Troupeau*), seiner Trunksucht und seiner Freikorpsvergangenheit eine verhängnisvolle Rolle für Doderer spielte. Außenseiterin bei den «Unsrigen» war *Quapp* oder besser: Charlotte Gräfin Paumgarten-Hohenschwangau, mit der ihn seit 1925 eine intensive, offenbar asexuelle Zuneigung verband. Vor allem Rudolf Haybach versuchte Doderer an sich zu binden und bot ihm eine Teilhaberschaft an seinem Kleinverlag und die Mitherausgeberschaft einer elitären Kulturzeitschrift an. Doderer, der sich gerade erst mühsam mit Gusti versöhnt hatte, reagiert skeptisch: *Wie kann ein Verlag mit so kleinen Mitteln [...] rentabel sein, d. h. die Gehälter von uns beiden tragen und einen Reingewinn? Ferner: Glaubst Du denn eine Zeitschrift (von der Art wie sich Gütersloh das denkt) oder eine Künstlermonographie über ihn – meinst Du, daß dies einen materiellen Erfolg haben kann?* [92]
Doderer hatte in Sibirien die «Tanzende Törin» gelesen, und war dem Verfasser 1924 bei der Mutter des Malers Erwin Lang zum erstenmal persönlich begegnet: *Ich kann nicht sagen, daß Gütersloh mir damals*

sympathisch gewesen ist. Sein brauner, wie eingeölter Teint – er kam aus Südfrankreich, wo er dann mehrere Jahre verlebt hat – der dichte, tief- schwarze Kinnbart, die sonore Stimme, das ausholende Pathos seines Le- sens: das alles war mir nicht eigentlich physiognomisch, sondern eher schon physiologisch zuwider.[93] Aus der von Haybach gewünschten Künstlermonographie wurde deshalb zunächst einmal nichts. Aber dann liest Doderer die «Bekenntnisse eines modernen Malers» und findet hier eine Auffassung, die ihm endlich Sicherheit hinsichtlich seiner schrift- stellerischen Karriere verspricht. Bedarf es doch, nach Gütersloh, dazu nur einer Entscheidung, einer moralischen «Dezision». Anerkennung durch Leser oder – noch banaler – durch einen Verlag ist dazu nicht nötig, «denn wir sind ein Oktroi auf die Gesellschaft».

Das gefällt dem literarischen Novizen, der es mit der Anerkennung so schwer hat, und so kommt im August 1928 ein gravitätischer Briefwech- sel zwischen beiden Autoren in Gang. Der einundvierzigjährige, nach eigenem Bekunden völlig mittellose Gütersloh, dessen Bücher vergriffen sind und für dessen Gemälde sich in Österreich niemand sehr interes- siert, läßt sich von Doderer als *hochverehrter Meister* anreden und schreibt dem zehn Jahre jüngeren «werten Freund» aus Frankreich ge- stelzte Briefe: «Ihre Absicht, über meine Arbeiten zu schreiben, gibt mir die Aussicht auf ein Buch, das ich zu lesen wünsche.»[94] Der manierierte Tonfall färbt sofort auf Doderer ab, schon bald nennt er Gütersloh sei- nen *Lehrer*, und so beginnt jene fürchterliche «Freundschaft», die über dreißig Jahre lang anhält und 1962 mit dem Verrat des Älteren am Jün- geren endet.

In den Jahren 1928 und 1929 scheint Doderer versucht zu haben, seine fi- nanzielle Situation durch eine Flut von journalistischen Arbeiten zu ver- bessern: Pünktlich alle vierzehn Tage erschien ein Artikel. Und nach Ab- schluß der Arbeit am *Geheimnis des Reichs* im Sommer 1929 entschließt er sich, allem literarischen Anspruchsdenken erst einmal zu entsagen: *Was mich [...] innerlich beschäftigt ist die Möglichkeit einer freien, viel- leicht auch gelockerten, ziemlich anspruchslosen «Erzählungskunst» (von «Kunst im eigentlichen Sinne» wird dabei allerdings nicht viel zu merken sein!) – Kurz ich will unterhaltende Romane, Novellen und Novelettchen machen, Bücher zur Unterhaltung, weiter nichts.* Es kommt zum (ver- meintlichen) Abschied von allen «Prinzipien». *Die ganze «Gedanken- lyrik» der Divertimenti mag über Bord gehen.* Doderer will den Er- folg, notfalls mit den deftigen Mitteln trivialer Erzählkunst (etwa *den Herstellungs-Methoden eines Kriminalromanes*), auch wenn er dabei *vom Boden der Dichtkunst* herabsteigen muß.[95] Auf *Wirkung* kommt es ihm an, und auf finanziellen Erfolg. Dazu, vermutet er, muß man dem Publi- kum sensationelle Inhalte bieten, und was könnte sensationeller sein als eine «*Chronique scandaleuse*»?

Worin aber soll der *manifeste Inhalt* dieser Chronik bestehen? *Da ist zunächst eine Schar von Frauen, die sich auf eine Annonce hin melden, ein Schwarm von Motten, der zum Licht strebt.* Erstaunlich, am Anfang einer fast dreißigjährigen Arbeit stand ein billiger, aber zeitgemäßer, durchaus «moderner» Trick zur Gewinnung erzählerischer Substrate: Kontaktanzeigen, oder, besser gesagt, deren Mißbrauch. Eine Sottise, ein kleiner Spaß, niemand könnte auf die Idee kommen, daß dies der Ausgangspunkt eines Lebenswerks sein wird, am wenigsten Doderer selbst: *So werden sie dann alle miteinander auf ihre Art unglücklich. Das tief Fehlerhafte, das hier allemal am Werk ist, zeigt sich selbst klar auf. Das Ende muß wohl hier garnicht irgendwie großartig und in's Weite gerichtet sein [...].*[96]

Am 28. Mai 1930, drei Monate nach Erscheinen seines ersten Romans, haben Doderer und Gusti Hasterlik dann schließlich doch noch geheiratet. Aber die emotionale Basis der Beziehung hatte sich in einem fast zehnjährigen Seelenkampf weitestgehend verbraucht. Ein festes Einkommen und materielle Geborgenheit konnte Doderer seiner Frau noch immer nicht bieten, ja, sie hatten nicht einmal eine gemeinsame Wohnung. Immerhin trat Doderer im selben Jahr aus der protestantischen Gemeinde aus und bezeichnet sich fortan als *konfessionslos*. Im Sommer macht das Paar zusammen Urlaub in Hrimezdice in der Tschechoslowakei, aber als der *Fall Gütersloh* erschien, war die Ehe schon so gut wie am Ende. *Nur die gerichtliche Scheidung wird helfen*, schreibt Doderer am 10. Dezember.

Trotz ihrer Kurzlebigkeit war diese Ehe der Wendepunkt in Doderers Leben. Ihr Scheitern brachte jene Kettenreaktion in Gang, aus der die Energie für sein Hauptwerk entsprang. Denn Doderer, der seine finanzielle Impotenz als tiefe *Schmach* empfand[97], hatte seine *Chronique scandaleuse* auch als Instrument der Rache an allen geplant, von denen er sich unter Druck gesetzt fühlte. *Irma Siebenschein*, die ungeliebte Schwiegermutter, die den *jungen Delinquenten* jahrelang mit dem *Heirats-Schaffott* bedroht hatte (wie Doderer glaubte), gehörte zwar ausdrücklich nicht zu den «Dicken Damen», *denn [sie] war ja schlank*[98], aber nicht zuletzt um sie zu demütigen, machte Doderer jüdische Frauen zum Objekt seiner Haßlust. So gesehen war es nur konsequent gewesen, daß ausgerechnet zwei Tage vor seiner Eheschließung folgende Anzeige Doderers in der «Neuen Freien Presse» erschien. *Junger Doktor, 33 Jahre, aus guter Familie, finanziell unabhängig und desinteressiert, gepflegte, trainierte Erscheinung, sucht ehrbare Bekanntschaft mit distinguierter ca. 45jähriger israelitischer Dame (Wienerin) von nur außergewöhnlich starker, korpulenter, üppiger und überaus mächtiger, breiter Statur, schwarzem, respektive graumeliertem Haar und weißem Teint und [...] wirklich imposanter Erscheinung. Strengste Diskretion.*[99]

Zu diesem Zeitpunkt hatte Doderer aber zumindest schon eine weitere Anzeige aufgegeben und ausführliche Probetexte geschrieben,

1929. René von Stangeler: «Junger Doktor, 33 Jahre, aus guter Familie, finanziell unabhängig und desinteressiert, gepflegte, trainierte Erscheinung ...»

deren «Held» zu diesem Zeitpunkt noch Doderers Alter ego René ist: *Er vermochte kaum, diese ganze Fülle, die ihm da aus dem Schalter herausgereicht ward, zu bändigen, in den Taschen zu verstauen. Beflügelten Schrittes eilte René in's nächste Cafehaus und schüttete die Beute neben sich auf die Polsterbank in der Nische, wohin er sich zurückgezogen hatte.*[100] Bloße «Studien» waren es nicht, was Doderer da trieb, und bei aller Fragwürdigkeit haben die Beschreibungen seiner erotischen Abenteuer nichts Billiges oder Denunziatorisches an sich. Doderer versuchte, den Frauen gerecht zu werden, mit denen er sich verabredete, auch wenn er sich mit seiner rassistischen Anmaßung brüstet: *Denn das gehörte dazu, das sah er schon: eine Jüdin mußte es unbedingt sein. [...] Eine wichtige Einschränkung seiner erotischen Zielrichtung, eine klare Abgrenzung seiner Jagdliebe war damit vollzogen worden.*[101]

Bis zum Herbst 1930 war das alles noch relativ harmlos und die *Chronique scandaleuse* nur ein Projekt unter anderen. Aber im Verlauf der Trennung von Gusti wurde es bitter ernst: Aus der *Chronique scandaleuse* wird ein Roman, die *DD* (was erst *Dicke Damen* bedeutet und dann *Die Dämonen*). *«Vieles hinter sich lassend»*, so tritt der Held meiner *«Dicken Damen» in den zweiten Teil seines Romanes*, notiert Doderer Anfang November. *Etwa so auch trete ich heuer in den Winter ein. Was wurde nicht alles erledigt, was ging dabei nicht alles vor die Hunde! Die grosse Liebe, und mein Bruder P. [Charlotte von Paumgarten = Quapp], und meine sämmtlichen Weiber [...].* Aus der Sottise wird Doderers Lebensroman, der alles umfaßt, was er bis dahin erlebt hat, mit dem er «beweisen» will, daß alles richtig war, was er getan hat, daß das Scheitern seiner Liebe zu Gusti nicht auf persönlichem Versagen, sondern auf einer gesellschaftlichen Grundtendenz beruht, auf «historischer Notwendigkeit» sozusagen. So wird die *klaffende Wunde* seiner Trennung von Gusti[102] zum «élan vital» seines Werks. Haßliebe wird man wohl nennen müssen, was ihn vorantreibt. Haßliebe gegenüber einer Frau, einer Denkart und einer Kultur, die Doderer lange als übermächtig empfand. Erst fünfundzwanzig Jahre später, auf Seite 1342 der *Dämonen*, wird dieser Knoten sich lösen.

Rückblick auf eine große Liebe hieß das erste Kapitel des neuen Projekts. In der endgültigen Fassung gibt es diese Kapitelüberschrift nicht mehr, aber es findet sich folgende Beschreibung der Trennung: *Daß die Tochter eines Arztes Schwierigkeiten mit einer Ärzte-Rechnung hatte, weist allein schon auf einen besonderen Sachverhalt. Kajetan bewies seine «gänzliche Unfähigkeit». Camy mobilisierte nun ihren Vater, schickte ihn gewissermaßen vor, etwa unter der Parole: «Es handelt sich hier nur und ausschließlich um das Geld; um ganz konkrete Sachen; von irgendwelchen seelischen oder geistigen Schwierigkeiten, die etwa zwischen Kajetan und mir bestehen, darf überhaupt kein Wort gesprochen werden.» [...] Schlaggenberg wurde also unaufhörlich von seiner schwächsten und hilflosesten Seite her angegriffen. [...] Um Ruhe zu kriegen, blieb für ihn nur mehr ein sogenannter Offenbarungs-Eid. Den hätte er ruhig leisten können: er besaß nichts, verfügte über nichts. Aber natürlich und begreiflich: er scheute davor zurück. [...] Bei dem großen Auftritt, bei der Haupt- und Staatsaktion, sagte sie schließlich: «Da du dich so sehr gegen das Leisten des Offenbarungseides sträubst, muß ich annehmen, daß du etwas besitzest, was du vor mir zu verheimlichen wünschest.» Nun, mehr brauchte sie natürlich*

nicht. Kajetan begann sofort zu toben, ungeachtet der Anwesenheit des Va-
ters («ich wurde vollends desperat und tollwütig und dann auch maßlos
verletzend»), er schmiß sozusagen alles hin, bestand auf einer sofortigen
Trennung und Ehescheidung, und rannte zuletzt, alle Türen mit Krach hin-
ter sich in's Schloß werfend, aus der Wohnung [...].[103]

Doderer leidet unter der Trennung. Hundert Seiten Text *DD* entstehen im Winter 1930/31, außerdem die schöne Erzählung vom *Feldbe-*
gräbnis einer Liebe und *Sie verkauft sich.* Dann im Sommer 1931 das
Ende: *Mit Gusti habe ich gebrochen (Ehescheidung) und zwar seit dem*
21. Juni – seither habe ich sie nicht mehr gesehen, mit Dressel bin ich An-
fang Juni in unser Atelier zusammengezogen; er befindet sich puncto Gat-
tin in gleicher Lage wie ich.[104] Dressel, der fragwürdige «deutsche Offi-
zierskamerad», das war natürlich auch politisch der Gegenpol Gustis.[105]
Die engere Verbindung mit ihm und der sich vorbereitende *barbarische*
Irrtum der Annäherung an die Nationalsozialisten wäre – so gesehen –
tatsächlich eine Reaktion auf das *Trauma aus meiner Ehe*[106].

Aber Doderer wehrt sich. In der neuen Wohnung am Saarplatz wirft er
in nur zwölf Wochen die erste Fassung eines kleinen «Barock-Romans»
aufs Papier, der den Titel *Ein Umweg* erhält. Die bittere Geschichte vom
Korporal Brandter, den die Liebe seiner Frau nicht zu retten vermag,
führt in die Zeit nach dem Dreißigjährigen Krieg. Brandter, der sich
nicht an den Frieden gewöhnen konnte, sondern weiter geraubt, ge-
schändet und gemordet hat, ist zum Tode verurteilt. *Manchen hatte er*
hängen sehen, der kaum die Hälfte von dem auf dem Kerbholz trug, was er
selbst hätte aufzählen können; und mitunter wohl auch wirklich aufgezählt
hatte, im Rausch nämlich und unter gleichgesinnten Kameraden, des Re-
nommierens halber. Unter dem Galgen wird er durch die Dienstmagd
Hanna gerettet, die ihm die Ehe anbietet. Der spanische Graf Manuel
Cuendias, der das Wachkommando befehligt, verliebt sich in Hanna und
zerstört damit sein Leben. Am Ende finden alle den Tod: In einem
Anfall von Eifersucht ersticht Brandter erst «versehentlich» den Grafen,
als dieser voller Verzweiflung ein Stelldichein Hannas belauscht, dann
den eigentlichen Liebhaber (einen unbedarften Trompeter), erschlägt
schließlich Hanna selbst und läßt sich willenlos festnehmen. Kein Zweifel, daß sich Doderer sowohl mit dem edel zaudernden Cuendias als auch
mit dem Wüterich Brandter zu identifizieren vermochte. *Das Zwillings-*
Schicksal zweier ganz verschiedener Männer[107], das Spannungsfeld zwischen Tätern und Nicht-Tätern hat ihn lebenslang fasziniert. Bedrückend
aber ist der tiefe Pessimismus, die Ausweglosigkeit und Unverbesserlich-
keit der Figuren. Dieser von Doderers Versagensängsten und Schuldgefühlen diktierte Determinismus ließ für die Zukunft nichts Gutes erwarten. *Als der Leiterwagen [...] das Dorf verließ, kamen seine zwei alten*
Kameraden des Weges. Sie liefen unsagbar bestürzt ein Stück nebenher.
Brandter rief ihnen [...] zu: «Seht ihr's, nun bin ich doch zu euch heimge-

kehrt!» Die Jahre der Bewährung zwischen der Krise im Sommer 1926 und der endgültigen Trennung von Gusti im Sommer 1931, die Jahre des *Umwegs*, waren vorbei: *Während ihm der Henker die Schlinge um den Hals legte, schien es, als wollten sich die letzten fünf Jahre noch einmal glitzernd erheben. Jedoch sie sanken zurück [...], und nun waren sie schon nichts mehr als ein blasser, rasch vergehender Traum zwischen zwei Sterbestunden.*[108]

Die Jagd auf «Dicke Damen» hatte angesichts der Trennung von Gusti ihren Zauber verloren. In der endgültigen Fassung der *Dämonen* taucht sie als *Dicke-Damen-Doktrinär-Sexualität*, als Inbegriff aller politischen und sexuellen *Pseudologie* und Paradigma des Rassenwahns auf. Allein schon die Tatsache, daß Doderer indiskret genug war, ausgerechnet seinen Neffen Kurt Meyer zum Mitwisser seiner Eroberungen zu machen[109], zeigt die Verkommenheit seines Zustands. Dabei war die Jagd nach weiblicher Fülle nie bloß frivoles, frauenverachtendes Spiel, sondern Muttersuche, kindliches Bedürfnis nach Geborgenheit, Wärme und Zuflucht.[110] Das zeigt besonders *die letzte DD*, Marie Kornfeld. Von Februar bis Mai 1932 hat Doderer am Althanplatz 6 bei ihr gewohnt: *Mary K. «Ich gehe schlecht»* – entsetzliche Erniedrigung für eine Frau. Mein erster Besuch [...] ihr Haar im Schoße, und der Schluss im Bett.[111] Zu diesem Zeitpunkt ist er längst ein gehetzter Mann. Unstet zieht er von einem Untermietzimmer ins nächste. Und eine Mary K. kann ihn natürlich nicht halten. *Jene Zeit war eine depravierte, ein Wellental. Mit G. war's vorbei (unvorstellbar), DD schon begonnen.*[112]

Die Grenze, wo die nähere persönliche Umgebung eines Menschen aufhört und sozusagen sein Zeitalter schlechthin beginnt, läßt sich nicht genau und generell angeben.[113] Mit dem Jahre 1931 jedenfalls beginnt eine unheilvolle Entwicklung: Gütersloh, der schon lange begierig ist, «den österreichischen Staat [zu] stürzen», am liebsten an der Spitze von «hundert junge[n] Leute[n] [...], die auf uns schwören»[114], kehrt als Professor an der Kunstgewerbeschule nach Wien zurück und nimmt eine Wohnung in Döbling. Doderer trennt sich von Gusti und verliert seine Einkünfte als Mitarbeiter der liberalen Presse. Seine Hinwendung zu den «Kameraden» wird stärker. Er wollte «dazugehören». Er *begriff [...] nicht, daß ein Individuum wie er, das sozusagen aus dem eigenen Stallgeruche herausgeraten war, das diese Aura durchstoßen hatte, nie mehr eine solche bekommen kann, da gefiele ihm nun die oder jene noch so gut, sei's die kulturhofrätliche der Nationalbibliothek, sei's die maligne Freiheit des Troupeaus, sei's die leichte Luft bei Siebenscheins (auch die hatte er zeitweis recht gern geatmet!), sei's die ölige am Institut: jede wäre ihm recht gewesen, hätte er nur ganz in sie eingehen können.* Ein Mensch in solcher Verfassung wird leicht zum Opfer totalitärer Ideologien, und *jedes Zeitalter öffnet eben einen Spezial-Rachen.* Schritt für Schritt wurde Doderer

Amtsstampiglie...(Anmeldung.) 2. FEB.1932	**Meldezettel für Unterparteien.**		Deutsche Schrift mit Tinte! (Auszug aus dem Meldevordruck-[en auf dem Meldungsnachweis.])		

| 1 | *IX. Bez.* | *Althanplatz* | | gasse Nr. *6* , | Stiege, | Stock, Tür Nr. *10* |

2	Vor- und Zuname:	*Dr Heimito Doderer*	
3	Beruf:	*Schriftsteller*	
4	Geburtsort, -bezirk, -land:	*Weidlingau N. Ö.*	Laut Amtsstampiglie abgemeldet am: *31. V. 32*
5	Heimats(Zuständigkeits)-ort, -bezirk, -land:	*Wien*	
6	Staatsbürgerschaft:	*deutschösterr.*	
7	Geburtstag, -monat, -jahr; Religion; ledig, verheiratet, verwitwet?	*5. Sept. 1896 konfessionslos verheiratet verz. nicht in gemeins. Haushalt*	Ist ausgezogen am: *28. V. 32*
8	Gattin, auch Mädchenname:	*August Doderer geb. Hasterlik VII. Schönbrunng.18*	nach (Ort, Bezirk, Gasse Nr.):
9	Kinder unter 18 Jahren:		*Prein 2/d.* *"Riegelhof"*
10	Frühere Wohnung in Wien:	*XIII Saarplatz* gasse Nr. *18* bis 19 *32*	
11	Ordentlicher Wohnsitz:	*Wien*	
12	Letzter Aufenthaltsort:	"	
13	der Reisedokumente, welche?		
14	des österr. Paß-visums:		
15		Wien, am *1. februar* 19*32*	

- Unterschrift des Wohnungsgebers: *Marie Kornfeld*

Unterschrift des Hauseigentümers (Stellvertreters):

Der «Meldezettel für Unterparteien» vom Althanplatz 6.
Links die Unterschrift von «Mary K.»

nach 1931 zum Mitläufer, *so sehr war ich damals bereits gejagt, gleichsam unter Druck gesetzt von den «Unsrigen».*[115]

Im Jahr 1932 erhält die NSDAP in Wien großen Zulauf. Goebbels tritt als Wahlredner auf, und beim «Gauparteitag» Ende September hat Göring Zehntausende Zuhörer. Gleichzeitig wird Österreich der Anschluß an Deutschland erneut von den Alliierten verboten. Das Projekt, an dem Doderer arbeitet, gerät in eine Phase der *Um- und Neubildung.* Was er jetzt plant, soll *ein großer Zeitroman* werden, *der das sozusagen «unterirdische» Werden eines neuen Deutschlands […] in seiner Vorgeschichte* gestaltet.[116] Inzwischen rechnet er fest mit einem Sieg der Nationalsozialisten. Am 1. Juli hält er in Güterslohs Wohnung am Saarplatz vor ausgewähltem Publikum («sicheren Personen») seinen Vortrag *Das neue Reich.*[117] Es handelt sich um einen metaphernüberladenen Erguß zum Thema künstlerische Elite, aber Doderer glaubt, Propaganda zu machen: *es [gab] im Hirne der Veranstalter einen Hintergedanken […]: den nämlich, inmitten einer […] profanen Gesellschaft, wieder einmal «Gemeinde zu constituieren».*[118] Es drängt ihn, nach Deutschland zu gehen: *Ja, das ist der rechte Weg und Entschluß, Wien zu verlassen, durchzugehen einfach,* notiert er am 29. September 1932. *Was hab ich in Wien?*

45

Die «Unsrigen» beim Baden in der Lobau.
Mit Schnauzbart: Béla Faludy (1944 von der SS ermordet)

Kaum eine Redaktion, kaum einen Verleger mehr. Fast alles jüdisch und daher jetzt zergehend wie Eis in der Hand. [...] Ich werde scharf wenden, sofort. Am 2. November stirbt Doderers Vater. Ein weiteres Hindernis auf dem Weg ins Unheil fällt fort.

Am 30. Januar 1933 wird Hitler in Berlin Reichskanzler, und am 27. Februar brennt der Reichstag. Am 4. März putscht in Wien der christlich-soziale Kanzler Engelbert Dollfuß, indem er das Parlament für «handlungsunfähig» erklärt. «Der Nationalsozialismus ist die barbarische Erneuerung von Potsdam», heißt es in einem Aufruf der Vaterländischen Front. «Österreich ist das letzte Bollwerk des deutschen Geistes! [...] Als in Wien Walther von der Vogelweide sang, war Potsdam ein kleiner slawischer Weiler! [...] Österreicher, lernt eure Geschichte! Glaubt an euch und seid stolz, Österreicher zu sein!»[119] Doderer will davon nichts wissen. Er will das *Reich* und die Geborgenheit des Kollektivs, und so wird er zum *geistigen Selbstmörder*.[120] Unter dem Datum vom 1. April 1933 tritt er der NSDAP bei und erhält die Mitgliedsnummer 1526 987. Den *Dicken Damen* verpaßt er am 20. März den Titel *Dämonen* und am 19. Juli gar: *Die Dämonen der Ostmark.*

Ein abseits stehender Privatmann (1933–1936)

«Ich schrieb zu dieser Zeit [...] die fiktive Biographie [...] des geistigen Fascisten, des letzten ‹Übermenschen› und Gewaltskerls, Leichengängers und Frauenkonsumenten, Menschenkonsumenten, ‹Abenteurers› etc. und ‹verstand› natürlich auf der Stelle, daß ein Heimito Doderer, der all das eben aufgezählte viele Jahre lang als geheimes und offenes Ideal gepriesen und gelebt hatte – wir waren ja alle von Nietzsche infiziert [...], der ein großes Gedicht *Der Abenteurer* geschrieben hatte, daß der Mann, den ich in seinen tiefsten Fasern und Verankerungen kannte [...], der ebenso professoral-gefestigte wie chaotische Mensch, der Mann der ‹bewußten Debauche› sozusagen, – bitte mir Details zu ersparen – ‹auf die andere, diesmal die mörderische Seite gefallen› war», schreibt Paul Elbogen[121], ein Jugendfreund von Ernst Pentlarz und Gusti.

Aber nicht Tatendrang und Übermenschentum, sondern Mattigkeit und Anlehnungsbedürfnis waren es, die Doderer in die Arme der NSDAP trieben. *Krank* fühlt er sich im April 1933. *Das Gesicht ist manchmal alt – und jüdisch*, notiert er. *Ich werde a-politisch. [...] Der Zustand, in welchem sich ein spiritueller Arbeiter jetzt, in dieser ersten Zeit nach der Geburt des neuen Reichs, befindet, steht unter dem psychologischen Gesetze des Erfüllungs-Rückstosses.*[122] «Machtgeschützte Innerlichkeit» war es, was er sich wünschte: eine sichere Wohnung, gesicherte Publikationsmöglichkeiten und ein bißchen Ruhe zum Schreiben. *Der Sturz in's Irreale war keine Fehlleistung des Geistes, sondern eine Folge seiner Schwäche und Abwesenheit, die ganz anderen Kräften, nämlich durchaus materiellen, am Ende das Feld überließ.*[123] Doderer hoffte, bei der «Deutsch-österreichischen Tageszeitung» der NSDAP ein neues Forum und eine Einkommensquelle zu finden. Verschiedene Themen und Texte für deren Hauptschriftleiter Gerhard Aichinger hatte er schon vorbereitet. Aber dann kam es ganz anders: Die Ausrufung des Ständestaates wurde von Hitlerdeutschland mit Boykottmaßnahmen und Terror beantwortet. Die österreichischen Nationalsozialisten erhielten Befehl, die innere Ordnung durch Sprengstoffanschläge auf Eisenbahnen, Hochspannungsmasten, Telefonzellen und jüdische Geschäfte zu stören. In Wien wurde ein Juwelier von einer Bombe zerrissen, bei Krems wurden

1933. Kajetan von Schlaggenberg auf dem Balkon der Wohnung
von Astri und Hans von Stummer

Handgranaten auf eine Gruppe christlicher Turner geworfen. Daraufhin
wurden die NSDAP am 19. Juni und die «Dötz» Anfang Juli 1933 verboten. «In Österreich», hieß es dazu, «ist der Nationalsozialismus ab heute
keine politische, sondern nur noch eine kriminelle Angelegenheit.» [124]
Zu diesem Zeitpunkt waren lediglich vier Erzählungen Doderers in der
«Dötz» abgedruckt worden.

Die Machtergreifung der Vaterländischen Front wird von den Nazis
mit bewaffnetem Terror beantwortet.

Im Februar 1934 kommt es zu einer Revolte des sozialdemokratischen
Schutzbunds. Bundesheer und Heimwehren setzen Artillerie gegen Wiener Arbeiter ein. In vier Tagen sterben 385 Menschen, mehr als 800 werden verletzt. In manchen Zeitungen liest man inzwischen Berichte über
die ersten Konzentrationslager im «Reich».

Die Dämonen der Ostmark stagnierten. Unzufrieden wendet Doderer
sich erneut seinem unverfänglichen «Barock-Roman» *Ein Umweg* zu,
den er zwei Jahre zuvor bei Diederichs nicht untergebracht hatte. *Was
hierzulande geschieht*, schimpft er am 24. Juli 1934, *schleppt sich hin […].
Die Geschichte […] lässt uns […] zurück.* Er hat das politische *Allotria*
satt, das *Gitterwerk imaginärer Zahlen, Kräfteverhältnisse, zweifellos vor-
handener Stimmungen, offenbarer Möglichkeiten und Wahrscheinlichkei-
ten.* Obendrein hat er Angst. Denn er weiß oder ahnt, daß Schlimmes
bevorsteht. *Heute erwartet man Beunruhigung wegen einiger sehr wahrscheinlich bevorstehender condamnationes ad mortem. […] Die Täter
wurden ergriffen, sind in Gewahrsam und das Standgericht tagt schon*

25. Juli 1934. Die NS-Putschisten, die den Bundeskanzler Dollfuß ermordet und das Funkhaus besetzt haben, müssen sich der Polizei ergeben.

gegen sie. 5 Uhr. Zugleich scheint immer die Möglichkeit gegeben, die Parteigänger der Betroffenen könnten sich erheben. Die Undeutlichkeit der Notiz ist kein Zufall. Doderer verschleiert, verschlüsselt und verdunkelt hier ganz bewußt. Was er über die politischen Verhältnisse denkt, sollen allenfalls «Eingeweihte» erraten. Besonders im Austausch mit Gütersloh entwickelt sich eine metaphernreiche Sklaven- oder Geheimsprache, die Doderer nie wieder los wird. Sie ist nicht nur in den Briefen zu finden, bei denen er stets (und oft mit Recht) den Blick der Zensur fürchtete, sondern auch in den Tagebüchern, die jetzt keineswegs mehr privat waren. Von den *Commentarii 1934* gab es mindestens vier Exemplare, von denen eines bei Gütersloh hinterlegt war.[125]

Gütersloh ist es auch, mit dem Doderer die Lage an diesem bedrohlichen Julitag diskutiert. *Abends, beim Wein, in einem Gärtchen, das den […] Vorstellungen von einem Alt-Wiener «Heurigen» weitgehend Genüge tat, kamen Scolander und ich auf unser Verhältnis zum Politischen zu sprechen,* heißt es treuherzig. Eigentlich sei man ganz unpolitisch, befinden die beiden, aber der *erzählende Dichter* dürfe *kein Lebensgebiet* ignorieren, *also auch dieses nicht.* Mit der Arbeit *auf «ruhigere, normalere Zeiten» zu warten,* habe auch keinen Sinn. Es sei nun mal die *ausge-*

50

machte Pflicht des Schriftstellers, den Kopf über den Wassern der Zeit zu halten, genau so wie über den Fluten seines eigenen, ihn bedrängenden persönlichen Schicksals. Schon am nächsten Tag hat Doderer Gelegenheit, seine Nicht-Betroffenheit zu beweisen: *Im übrigen sei angemerkt,* schreibt er, *dass man gestern (24. 7.) des Abends einen der Sprengstoffattentäter gehängt hat. Wir sassen um diese Zeit eben beim Nachtmahl, Gullasch mit Kartoffeln [...].* Mag sein, daß er besonderen Grund zur Kaltblütigkeit hatte. Denn an diesem 25. Juli putscht die NSDAP. SS-Leute dringen ins Bundeskanzleramt ein. Dollfuß wird angeschossen und verblutet. Die 154 Besetzer werden verhaftet. Im Tagebuch stellt sich Doderer ein Alibi aus: Er habe von dem *Überfall* einer *Terroristengruppe* nur *telephonisch* erfahren. *Denn die Freunde wissen, dass ich sozusagen ausserhalb der aktuellen Welt wohne, wenig zur Stadt komme und überhaupt kaum ausgehe [...].* Er sei ganz einfach *ein abseitsstehender Privatmann.*[126]

Wenn Doderer gehofft haben sollte, die Nationalsozialisten würden seine Schriftstellerkarriere fördern, so hatte er sich getäuscht. Sie hatten nicht Hilfe, sondern Erpressung im Sinn. So wurde vom März 1934 an die ohnehin schwache wirtschaftliche Basis der österreichischen Verlage durch Devisenvorschriften unterminiert, die den Verkauf von Büchern ins Reichsgebiet einschränkten. Den Zugang zu deutschen Verlagen machten die Nazis durch das «Reichskulturkammergesetz» vom 1. November 1933 von der Zugehörigkeit zum «Reichsverband deutscher Schriftsteller» (RDS) abhängig, der in Österreich verboten war. Wer in Deutschland publizieren wollte, mußte sich also persönlich als «zuverlässig» empfehlen. Dementsprechend entsetzt war Doderer (der damals noch Mitglied des alten, demokratischen «Schutzverbandes deutscher Schriftsteller in Österreich» war), als (nach dem Diederichs Verlag) auch der Leipziger Verlag Hesse & Becker die inzwischen überarbeitete Fassung des *Umwegs* zurückschickte. *Es ist hier auch der Ort zu sagen,* schreibt er im November 1934, *dass ich [...] heute von der Öffentlichkeit völlig abgeschnitten bin, und derzeit nicht einmal die Möglichkeit habe, auch nur eine Zeile gedruckt und dafür Geld zu erhalten: hier in Österreich kommt solches unter den herrschenden Umständen und vom verlegerischen Gesichtspunkte überhaupt nicht in Frage und im Reiche draussen ist mir bisher nicht gelungen, auch nur einen Schritt breit Boden zu gewinnen, eine recht verwunderliche Tatsache, wo man doch glaubte, dass für Schriftsteller meiner Art nun ein Morgenrot angebrochen sei. So bin ich denn – als Schreibender nämlich – gegenwärtig so gut wie lebendig begraben.*[127]

Die Enttäuschung löst ärgerliche Bemerkungen über die «Reichskulturkammer» und den RDS aus und mündet in autoritäre Phantastereien über die beste Art, den Literaturbetrieb und das Buchhandelswesen zu ordnen. Aber dann erfolgt eine überraschende Wende: Jeder Leser, schreibt er am 5. März 1935, müsse wohl gemerkt haben, daß ihm *diese Darlegungen [...] von Blatt zu Blatt immer mehr [...] Unlust* gemacht hätten. Denn *die Grundhaltung jeder möglichen derartigen Auslassung überhaupt – decliniert zwangsläufig von jener einzigen Gesinnung, welche dem Schreibenden eignen darf: der Gesinnung des Lebens selbst.* Für den Prosa-Erzähler sei solche *Kritik an «Zuständen», sei es an welchen immer, und mögen sie wo immer herrschen, letzten Endes bedenklich, ja vielleicht unzulässig. Denn jener Kritik wohnt inne eine Willensrichtung zur Besserung der in Rede stehenden Sachen, also zu einem, wie immer jeweils gearteten «Sollen». Der Schreibende aber hat es nur mit der Welt zu tun wie sie ist, niemals mit einer, die sein soll.* Denn (und dies wird zur Maxime seiner *Dämonen*): *Hauchzart und zugleich zäher als Stahl läuft das wirkliche Geschehen des Lebens, zurückweichend wie die Landschaft, allermeist jedes Namens spottend, immer vorhanden auch unter der Rinde scheinbar belangloser Minuten und Stunden [...], ja, in der Tat gälte es nur, den Faden an einer beliebigen Stelle aus dem Geweb' zu ziehen, und er liefe durch's Ganze [...].*[128]

Abstand, Distanz, Verzicht strebt Doderer an. Mit seinen Reden[129] aus den Jahren 1931 und 1932 habe er genug zur Klärung seiner Position getan, findet er, jetzt brauche er sich ums Politische nicht mehr zu kümmern. Habe er Anfang der dreißiger Jahre *durch den verzerrten Anblick, welchen die Umwelt bot, vom reinen Gottvertrauen abgleitend – eine auch politische Gesinnung zur Stütze seiner Schwäche erworben*, so sei *diese nun [...] überflüssig geworden.* Sein stiller Abschied vom nationalsozialistischen Kollektiv zeichnet sich ab. Die «Unsrigen» lösen sich auf. Und während Gestalten wie Dressel und Mayer verschwinden, tauchen neue Orientierungspunkte am Horizont auf. Auf seinen katholischen Schulfreund Ernst Alker, auf den Existenzphilosophen Karl Jaspers, vor allem aber auf den frühen Georg Lukács und Dostojewski beruft sich Doderer und behauptet, *der erzählende Dichter* müsse ein *Mystiker* sein, *denn ihm ist Wissen so gut wie nichts und Erkennen bedeutet ihm mindestens: sich verändern.*[130]

Die Veränderungen aber sind unfreiwillig und schmerzlich. *Vollends arm, im Berufe ohne äusseren Erfolg oder dessen nur kleinstes Anzeichen, nach zweijähriger, durch die Art ihres Vollzuges nie mehr gutzumachender Trennung von meiner Frau die noch immer ungebrochene Kraft der Neigung zu jener mit Schrecken erkennend*, spürt Doderer eine *innere Blutung, die sich nicht mehr will stillen lassen.* Halt gibt ihm die Beziehung zu der Medizinstudentin Gaby Murad, einem *sehr jungen, entzückenden Wesen.*[131] Durch die *Dämonen* bewegt sie sich als die Bogenschützin Licea, eine helle Gestalt, mit Grete Siebenschein zu vergleichen.

Die veränderte Einstellung Doderers zu den «Unsrigen» schlägt sich auch in seinem Roman nieder. Im Frühjahr 1935 schreibt er die *Ouvertüre* zu den *Dämonen* und führt als Ich-Erzähler den Sektionsrat Geyrenhoff ein, der sich deutlich um Abstand zu den autobiographischen Hauptpersonen Stangeler und Schlaggenberg bemüht und mit professoraler Historiker-Distanz spricht: *Seit Jahr und Tag wohne ich nun in Schlaggenbergs einstmaligem Zimmer. [...] Unter mir liegt unsere Gartenvorstadt [...], in diesen unter meinem Aug' gebreiteten neuen und daneben wieder hundertjährigen Gassen hat sich ein wesentlicher Teil jener Begebenheiten vollzogen, deren Zeuge ich vielfach war, deren Chronist ich geworden bin, und das letztere fast gleichzeitig mit den Ereignissen.*[132] Tatsächlich wohnte Doderer seit Anfang 1935 in Döbling in der Hartäckerstr. 19, im Haus des Malerehepaars Gottfried Goebel und Greta Freist (die später im *Mord* als Maria Rosanka erscheint). Daß er in dieser Zeit nicht sehr glücklich gewesen sein kann, belegt eine Momentaufnahme in den Memoiren von Elias Canetti: «Er fiel mir durch ein grimassierendes Gesicht und sehr lange Arme auf, ein imponierender Mensch [...]. Seine unauffällige, aber [...] ergebene Freundin, von etwas fadem Blond, saß neben ihm und lächelte wie er [...].»[133]

Am 12. Dezember 1935 las Doderer noch einmal aus dem *Dämonen*-Manuskript vor, die *Ouvertüre* und *Die Allianz*.[134] Anfang 1936 entschloß er sich, Wien zu verlassen. Die Gründe für die Übersiedlung nach Deutschland waren angeblich rein äußerer Natur. Von der Suche nach einem Verlag ist die Rede, von Wertpapieren der Mutter, deren Erträge er in München verbrauchen sollte, da sie nach Österreich nicht transferiert werden durften. Andererseits läßt sich nicht leugnen, daß Hitlerdeutschland im Jahre 1936 auf einem Höhepunkt seiner Anziehungskraft stand. Die Olympischen Spiele standen bevor, und im Juli 1936 kam es auch zu einem politischen Ausgleich mit Österreich, der den Reiseverkehr wieder vereinfachte. Warum also sollte Doderer nicht in das Land gehen, aus dem seine Eltern und Großeltern kamen? War er nicht «eigentlich» Deutscher?

Zuvor schien es ihm allerdings nötig, dem «Dritten Reich» nicht nur seine Person, sondern auch sein Werk anzudienen. Als Mittelsmann benutzte er Gerhard Aichinger. Ihm schickte er am 21. Juli 1936 vom «Riegelhof» aus einen zweideutigen, auf der Grenze zwischen Bekenntnis und Opportunismus balancierenden Brief, der am Ende bei Doderers Aufnahmeantrag in die RSK seinen amtlichen Aufbewahrungsort fand.[135] Während er sich darin für seine bisherigen erzählenden Werke eher entschuldigt, nennt er den *Fall Gütersloh* die entscheidende *Zugstrennung*, die es ihm erlaubt habe, sich von der Vergangenheit zu lösen. Seit 1930/31 arbeite er als *kontemporärer Geschichts-Schreiber* an einem großen Gesellschaftsroman. Das autobiographische Motiv seines Romanprojekts verschweigt er und gibt sich «wissenschaftlich» objektiv: *Ich hatte unzweideutig erkannt – aus einer ausserordentlichen Fülle privater, gesellschaftlicher und beruflicher Erfahrungen – dass dem Judentume*

Doderers Arbeitszimmer auf dem «Riegelhof» in der Prein

in Oesterreich und besonders in Wien bei Entscheidungen, deren Heran-
Nahen man damals schon fühlte, eine geradezu überwältigende Bedeutung
werde zukommen müssen [...]. In der Tat ging während dieser ganzen [...]
Jahre durch die Gesellschaft unserer Stadt gleichsam der sich ständig ver-
schärfende Ton einer zerreissenden Naht. [...] Schon 1933 wusste ich, dass
ich meine Handlung ein Jahr noch vor dem Antreten der neuen Epoche
würde schliessen lassen: denn schon damals musste man nicht mehr fein-
hörig sein, um Gottes Mühlen zu vernehmen [...]. Zwei Teile sollten die
Dämonen umfassen. *Der Eintopf* sei jener erste Teil, den er im Juni ab-
geschlossen habe, der zweite solle *An der Wasserscheide* heißen und sich
mit dem *Zusammenbruch der grossen Banken* und jenen *marxistischen*
Gärungen befassen, die *im Juli 1927 ihren blutigen Ausbruch fanden.*

Ich glaube, schreibt Doderer, *es ist das erste Mal, dass die jüdische Welt*
im Osten deutschen Lebensraumes von einem rein deutschen Autor [!] in
den Versuchsbereich der Gestaltung gezogen wurde. Denn die bisher dar-
über schrieben (Schnitzler, Wassermann etc. etc.) waren selbst Juden und
ihre Hervorbringungen können wohl seit langem schon nicht mehr ernst-
haft gelesen werden. Ich versuchte, dieses Theatrum Judaicum sozusagen
in drei Stockwerken vorzuführen: auf der Ebene des familiären und eroti-
schen Lebens, auf der Ebene der Presse und der Oeffentlichkeit, und end-
lich auf der Ebene der Wirtschaft in der Welt der grossen Banken.

Es ist nicht zu übersehen, daß Doderer sein Romanprojekt den Nazis
als antisemitische Propaganda schmackhaft zu machen versuchte. Aber
man darf bezweifeln, daß die NS-Kulturfunktionäre ein Jahr nach den
Nürnberger Rassegesetzen noch an dieser Art Aufarbeitung der Zwi-
schenkriegszeit oder an der Darstellung realer jüdischer Menschen interessiert waren. Ein Gesellschaftsroman, der sich am differenzierten
Wahrnehmungsvermögen solcher Autoren wie Schnitzler und Wassermann orientierte[136], paßte nicht zur «völkischen» Literatur. Und ein
rücksichtsloses Eintreten für das Leben und dessen fleischgewordene Dia-
lektik, ein *fundiertes Wissen über die transzendentale Herkunft von allem*
und jedem, oder gar der Anspruch *Alles und Jedes im Gleichgewichte der*
Conclianz zu halten, mußte geradezu verdächtig erscheinen. Die Leser
seiner Selbstanpreisung müssen Doderers Reservatio mentalis gespürt
haben. Es überrascht also nicht, daß er von dieser Seite absolut ignoriert
wurde.

Als Grieche unter Nicht-Griechen
(1936–1938)

Als er am 1. August 1936 in München eintraf, muß Doderer rasch erkannt haben, wie aussichtslos eine Auseinandersetzung mit dem «Dritten Reich» war. Wahrscheinlich hat er schon in den ersten fünf Minuten seines Aufenthalts einen irreparablen Kulturschock erlitten. Aber natürlich wollte er das nicht wahrhaben. Er flüchtet sich in Sklavensprache, Ironie und – Unterwerfung: *Denn das gewaltige Kollektivum, in welchem ich nunmehr lebe, lässt mich ahnen, dass man sich dessen technisch korrekt und sauber arbeitenden Mechanismen einfügen muss, um von diesen getragen statt zerstört zu werden. Hierher gehört u. a. eine tadellose Erledigung der Reichs-Schrifttumskammer gegenüber (obligatorisch!).*[137]

Quartier hatte er ausgerechnet in Dachau genommen, kaum zwei Kilometer entfernt vom ersten, schon damals berüchtigten Konzentrationslager. Später hat er behauptet, eben dies sei ein *Glücksfall* gewesen: *So erfuhr ich im Winter 1936/37 – alles, schlichthin alles.*[138] Flesch-Brunningen glaubt gar zu wissen, Doderer habe «im dortigen Wirtshaus durch den Lagerarzt von den verschiedenen Martern im Lager erfahren»[139]. Doderers Briefe an Gütersloh wissen davon nicht zu berichten. Der Hinweis, daß manches einer mündlichen Aussprache vorbehalten bleiben müsse[140], kann vieles bedeuten, und die Kontakte in die Heimat waren auch spärlich: Anfangs war Gaby Murad bei ihm, danach blieb er allein.

Aber Doderers Kritik am NS-Regime war ohnehin keine moralisch-menschliche, die aus der Solidarität mit den Opfern entstanden wäre, sondern eine elitär-arrogante, die angesichts der populistischen «Kraft durch Freude»-Mentalität von 1936 zu dem bösen Trugschluß gelangte, der Nationalsozialismus sei bloß ein *ehrlicher und braver Sozialismus mit dem Tortengusse einer gewissen jenseitigen Weihe für das Wochenend' des kleinen Mannes.* Allerdings genügt es ihm, die intellektuelle Minderwertigkeit des Systems zu erkennen, um sich zu verabschieden: *Wir bemühen uns wahrscheinlich ganz vergeblich, in die verschiedenen «Weltanschauungen», die sich heute aufgetan haben, ein Substrat hinein zu interpretieren.* Nur eins sei ihnen allen gemeinsam: *dass sie die Rundungen des Lebens nie werden nachbilden können.* Das Ende seines *politischen Eros* jedenfalls sei gekommen, und das habe er als *eine ganz grosse*

56

1936. Mit der Mutter in München

Auflockerung erfahren, *ja ein Wieder-geschenkt-erhalten des Lebens überhaupt*.[141]

Das «*Leben*» wird jetzt zum literarisch und religiös geladenen Zentralbegriff in Doderers Denken. Im Oktober 1936 schreibt er: *Meine Grundverfassung zwingt mich immer mehr, alles was besteht, schon allein darum für geheiligt zu nehmen; sie ist, um mit Georg von Lukács zu reden, […] empirisch. Diese […] Durchdrungenheit von der Unantastbarkeit des Lebens wie es ist, wird jede Kraftanstrengung – soll sie fruchtbar sein – gegen mich selbst zurückdrängen. Ich kann, ob ich mich richtig halte und definiere, daran erkennen, dass ich an der Welt nichts zu rücken und zu rühren mehr wünsche.*[142] Doderer sucht den *Rückweg in die allein heilende Resignation*[143]. Denn: *Die sicherste Erledigung jeder rationalistischen Declination, ihre einzige sichere Vermeidung, bleibt das radicale Sich-Abfinden mit den Gegebenheiten, auch den eigenen.*[144]

Die geplante Weiterarbeit an den *Dämonen* stellt Doderer nach der Ankunft in Deutschland zurück. Er muß wohl erkannt haben, wie wenig dieses zerbrechliche autobiographische Werk in die vom Massenwahn erfaßte neue Umgebung gepaßt hätte. Dennoch bleiben die *Dämonen* sein Lebensroman, in den er alles einbringen will, was ihn bewegt. Hatte er bisher geplant, den Roman *fast ein Jahr noch vor der deutschen Revolution*, also 1932, enden zu lassen[145], so spielt er im November 1936 schon mit einem fünfteiligen Plan:

1. *Der Eintopf* [bis Mai 1927]
2. *An der Wasserscheide* [bis 1932]
3. *Nach dem Siege (Österreich Februar 1933 bis Juli 1934)*
4. *Ein Maskenball (Österreich Juli 1934 – bis etwa 1936)*
5. *Die Heimkehr oder «Im Spital zum deutschen Geist»*
   (spielt im Reich 1936)

Welche Bewertung der Sieg Hitlers in Deutschland und der Putschversuch in Österreich im *Juli 1934* erfahren hätten, muß dahingestellt bleiben. Angesichts der Enttäuschung über die im «Reich» vorgefundene Realität konnte Doderer die Handlung aber wohl nicht mehr unbefangen auf den «Sieg der deutschen Revolution» zusteuern lassen, wie er das einmal geplant hatte. Zum erstenmal deutet sich jetzt die Möglichkeit eines «negativen» Endes für den Roman an: Zu der Chiffre *Im Spital zum deutschen Geist* gehört nämlich eine höchst befremdliche, nie verwirklichte Traum-Szene, die Camy von Schlaggenberg (also Gusti) als Nazi-Sozialarbeiterin in Berlin zeigt, wie sie ihren heruntergekommenen Ex-Ehemann mit einer Lebensmittelzuteilung demütigt.[146]

Statt mit seinem großen Roman beschäftigt sich Doderer zunächst mit dem Gedanken an einen Kriminalroman, dessen Stoff er schon seit 1929 und dessen Titel er seit Mai 1935 mit sich herumträgt: *In Wien sprach ich mit Gerhard Aichinger über «Ein Mord, den Jeder begeht»*, erinnert er

Die Reichsschrifttumskammer

Bitte deutliche Schrift!
sämtliche Fragen sind zu beantworten

arisch
~~jüdisch~~

Fragebogen für Mitglieder

Reichsschrifttumskammer
1 0. SEP. 1936"

1. Name: *Dr. Doderer*   Vorname *Heimito* ✓

Deckname: _____
(Es darf nur ein Deckname geführt werden)

Privatanschrift: *Dachau, Münchenerstraße 33*   Fernspr.: /

Berufsanschrift: _____   Fernspr.: "

Geboren am: *5. Sept. 1896*   Geburtsort: *Weidlingen (bei Wien) Nieder. Österr.*

Religion: *Konfessionslos (seit 1930)* Staatsangeh.: *österreichisch*
früher lutherisch

Arbeitslos? _____ seit wann: _____ *)

Vorbestraft? _____ a) politisch _____ b) kriminell _____ /

~~Ledig~~   ~~Verh.~~   ~~Verw.~~   Gesch. *getrennt am November 1932*

2. Daten der Ehefrau: geborene: _____   arisch
                                                              jüdisch
bezw. Ehemann: berufstätig: ja — nein Beruf: _____

Geboren am: _____   Geburtsort: _____

Religion: _____   (frühere) Staatsangeh. _____

3. Kinder: _____   wieviel unter 16 Jahren: _____

4. Kriegsteilnehmer: *ja*   *ehemaliges k.u.k.* Truppenteil *Dragoner-Reg N3 3* Frontkämpfer: *ja*

5. Mitglied der NSDAP seit *1. IV 1933*   Mitgl.-Nr. *1526927* SA, SS

6. Frühere politische Zugehörigkeit? _____ von _____ bis _____

7. Waren oder sind Sie Mitglied einer Loge? *nein* Welcher? _____ von _____ bis _____

8. Haben Sie der Vereinigung der Bibelforscher angehört? *nein*

9. Erlernter Beruf: *Historiker, Dr. phil. gev.* jetziger Beruf: *Schriftsteller* ✓
erwählt Mitglied des österr. Institutes f. Geschichtsforschg.

*) Amtliche Bescheinigung ist einzureichen.   Form. 2. Vo. 5000, 6. 36.

1936. Der Antrag für die Reichsschrifttumskammer. Wegen der Trennung von
Gusti verzichtete Doderer auf alle Angaben zu ihrer Person.

sich nach der Ankunft in Dachau. *Seit ich nun hier bin weiß ich, daß ich dieses Buch hier als nächstes sogleich schreiben werde, und dann erst den zweiten Band der «Dämonen».* Aber auch dazu fehlt ihm die Kraft, statt dessen will er versuchen, ein paar *Divertimenti rasch, rasch hinter mich zu hauen.*[147]

So entsteht zwischen dem 3. September und 7. November 1936 *Das letzte Abenteuer*, ein spätromantischer, trauriger *«Ritter-Roman»*[148] in der charakteristischen Vierteiligkeit der Sonate: Zusammen mit seinem Knappen Gauvain reitet der eben vierzigjährige, aber immer noch *irrende Ritter Ruy de Fanez* durch den Wald von Montefal, in dem ein Drache sein Unwesen treibt. Er schlägt dem Untier sein Horn ab, verzichtet aber darauf, um die Hand der *Herzogin Lidoine* anzuhalten, als er nach Montefal kommt. Denn: *«Ich bin nicht verzaubert und werde es [...] auch schwerlich mehr sein.»* Statt dessen kehrt er zurück in den Wald, begegnet noch einmal dem Drachen und stirbt als Verteidiger von Bauern, die er aus der Gewalt von marodierenden Soldaten befreit.

Die autobiographische Komponente ist offensichtlich: Auch Doderer fühlt sich, eben vierzig und einsam geworden, als irrender Ritter. Aber der ewige Abenteurer Ruy de Fanez ist nur die eine, eher schon überwundene Figur, mit der er sich identifiziert. Die andere ist der *Spielmann mit ein wenig schrägen Augen*, der *mit dem Bogen vortrefflich umzugehen* weiß. Einen *Pfeilköcher mit zahlreichen Bildern* und einen *mit geheimen Zeichen bedeckten Bogen* besaß Doderer wirklich.[149] Er hatte ihn von Gaby Murad erhalten.

Auffälliger noch ist das Drachen-Motiv, das in fast allen Werken Doderers auftaucht, sich aber nirgends zu solcher Größe entwickelt wie hier. *Die alten Drachen leben!* hatte Doderer anläßlich der Entdeckung von Großwaranen auf der Insel Komodo im Jahre 1928 geschrieben[150], und seitdem war er *Drakontophiler*. Im *Umweg* erblickt Manuel Cuendias einen *Tatzelwurm*, später erscheinen die Reptilien dann nur noch als *Ringelnattern* und *Molche*.[151] Die Drachen, die sich Doderer nur widerwillig als naturhistorische Gattung (Saurier, Krokodile, Warane oder Eidechsen), am liebsten aber als überständige Einzelerscheinungen vorstellt, sind immer positiv besetzt. Im Grunde sind sie Zauberdrachen, deren Auftreten das Vorhandensein einer irrationalen, naturwissenschaftlich-positivistisch nicht erfaßbaren Lebenssphäre beweist. Aus der Begegnung mit ihnen leitet sich aller Anspruch des Rittertums her, auch in der Neuzeit.

«Ein Produkt der Isolation und Depression» ist *Das letzte Abenteuer* genannt worden.[152] Und in der Tat: Monatelang ist Doderer ohne Freunde und Freundin in Deutschland. Das mönchische Leben wird ungeliebte Realität: *Frauen, die mir gefallen, steigen grundsätzlich in Obermenzing aus und ich sehe sie nie wieder. [...] Offenbar will mich dieses Land nicht*

Emma Maria Thoma. Doderer nannte sie nur Maria oder «Mienzi».

binden. Ich soll Ausländer bleiben: und dies auch erotisch. Der junge Herr aus gutem Hause, der wüste *Troupier* und *Dicke-Damen-*Jäger ist unversehens zum vierzigjährigen Außenseiter geworden, der sich vor den braunen Ski-Mädchen auf dem Tanzparkett ebenso ekelt wie vor der «Volksgemeinschaft» im ganzen. *Man trifft in Deutschland überhaupt selten mehr einzelne Menschen, sondern nur Gruppen – Fach- oder Ortsgruppen – Teilnehmer an Tagungen, und Verbände.*[153]

Am Ende waren es natürlich doch zwei einzelne Menschen, die ihm aus seiner Misere heraushalfen. Zum einen lernte er im Herbst 1937 bei einem Zirkusbesuch Maria Emma Thoma (1896–1984) kennen, eine ebenso fromme wie tatkräftige Frau (und obendrein Nichte von Ludwig Thoma), die in Landshut eine Textilien- und Bettwarenhandlung führte und die er kaum fünfzehn Jahre später geheiratet hat. Zum anderen ließ er sich auf Empfehlung eines Zufallsbekannten an den Verlag C. H. Beck in München vermitteln. Am 5. Juli 1937 schreibt er an Haybach: *[…] durch Dich dort angetragen zu werden, wäre mir sehr recht. […] Meine Hand ist keine glückliche und ich bin einfach nicht mehr im Stande, an einen Verleger heranzutreten […].* Das bis dahin fast ausschließlich wissenschaftlich-juristische Verlagshaus, das sich seit Beginn der dreißiger Jahre in stürmischer Aufwärtsentwicklung befand, beschäftigte seit kurzer Zeit einen literarischen Lektor, Horst Wiemer, der sich sogleich für Doderer begeisterte. Dem Freund (und Konkurrenten) Gütersloh kann Doderer am 24. November melden, *dass ich in beruflicher Hinsicht hier in Deutschland alles Erwünschte und Wünschbare nunmehr erreicht, und für alle meine Bücher, geschriebene und noch ungeschriebene, einen der grössten und besten Verleger vertraglich habe – C. H. Beck, bei dem sämtliche Schriften Oswald Spenglers erschienen sind […].*[154] In Wirklichkeit hatte das große Ereignis schon zwei Monate vorher, am Donnerstag, dem 23. September, nachmittags stattgefunden. Aber für lange Briefe hatte Doderer jetzt keine Zeit mehr.

Denn der Vertrag vom 23. September war insofern äußerst modern, als er sich nicht auf ein abgeschlossenes Werk, ja nicht einmal vordringlich auf das siebenhundert Seiten umfassende Manuskript der *Dämonen* bezog, sondern auf den noch ungeschriebenen «Kriminalroman» *Ein Mord den jeder begeht.* Dazu hatte Doderer am 10. September folgendes Exposé angelegt: *ein junger Mensch begeht mit 15 Jahren einen Mord, ohne davon zu wissen. […] (Wie ich das mache, muss ich für mich behalten, ein Zeitungsausschnitt wies mir 1930 den Weg.) Sieben Jahre später heiratet man, und «gut», und reich. Ein Bild hängt bei den Schwiegereltern: die verstorbene ältere Schwester der Frau. […] Jene Tote […] wächst zur «Heiligen», zum wahren Ziel des Eros, welches nun in der lebenden Frau und Schwester vergeblich gesucht wird. […] Oft gewarnt […] ist sie eines Nachts zwischen Stuttgart und Heilbronn das Opfer eines Raubmordes im Schnellzug geworden, sie selbst tot, der Schmuck verschwunden. Es*

kommt dahin, dass unser Held der Sache nachzugehen beginnt [...]. [...]
eine gefundene Spur führt nach Berlin. Die Schlussfolgerungen beginnen
zwingend zu werden. Als schritte er in weitem, dämmrigen Saale einem
Spiegel entgegen: nun sieht er den Mann da auf sich zukommen, dieser
ist's, muss es sein, der Mörder der unbekannten Geliebten: nun erkennt er
ihn. Er hält Beweise in der Hand. Er ist es selbst.[155]

Die Pointe, der «unbewußte» Mord im Schnellzug, ging auf eine (wenig plausible) Zeitungsmeldung zurück, die Doderer am 5. November
1929 in sein *Studienbuch Va* geklebt hatte, im selben Jahr also, in dem er
auch den Entschluß faßte, mit Hilfe von Kontaktanzeigen eine *Chronique scandaleuse* zu verfassen (siehe oben, S. 39 f.). Besonders realistisch
und krimigemäß ist Doderers Plot freilich nicht. Die Identität von «Mörder» und «Detektiv» erinnert mehr an Ödipus oder das Orakel von
Delphi als an Sherlock Holmes. Aber Doderer geht es auch nicht um
Fingerabdrücke und kriminalistischen Scharfsinn im äußeren Sinne.
Schon der Form und dem Umfang nach ist *Ein Mord den jeder begeht*
kein Kriminal-, sondern ein fast traditioneller Entwicklungsroman.
Schon seit 1934 ist Doderer ja einem Phänomen auf der Spur, das er *das
wirkliche Geschehen des Lebens*[156] oder die *magische Biographie* nennt.
Eine solche *magische Biographie, die jeder hat, und die nur wenige auf-
finden*[157], in einen Kriminalroman zu verpacken, ist die kühne Aufgabe,
die er sich stellt. Denn: *die Technik der Erzählung ist die Übertragung
einer Sinnfolge in den atheistischen Jargon der Causalität.*[158]

Conrad Castiletz oder Kokosch nennt Doderer seinen Helden, aber
von Anfang ist ihm klar, daß er es mit sich selbst zu tun hat: «*Ein Mord
den jeder begeht*», notiert er am 9. November 1936, *webt wie das Geheimnis meines eigentlichen Lebens hinter den Wänden, daran dieses bis jetzt
entlang lief, und diese Geschichte eines Conrad Castiletz erscheint mir wie
meine eigene wesentliche Biographie.* Und bald darauf: *Er ist einer mit
ständigen Schuldgefühlen, schon als Kind. Zudem manischer Verrannt-
heiten fähig. Servil, insoweit er sich jeder minderwertigen Umgebung ge-
fällig anpasst [...].*[159] So wird Kokosch von klein auf zum *Mitläufer*[160], zum
Sadisten, zum Mörder. So wie er als Knabe eine harmlose Schlange tötet,
um die anderen Kinder zu übertreffen, meldet er sich in der beiläufig ein-
gestreuten Schlüsselszene des Romans auch freiwillig, als es gilt, das
junge Mädchen im Nachbarabteil, Louison Veik, zu erschrecken (und damit zu töten). Ein *Unmensch im Keime*[161] ist dieser Kokosch, ein «Unter-
tan» und Erpresser, der als Kind schon erwägt, *sich in den Besitz von
Kenntnissen über andere zu setzen, die sozusagen ein Gegengewicht hätten
abgeben sollen für alles, was ihn bedrohte*[162], und das Liebesleben des Vaters heimlich protokolliert, ein Bursche also, der auch zum Gestapospit-
zel getaugt hätte. Einzelne Kindheits- und Jugenderlebnisse Doderers
leuchten hell aus der *Tiefe der Jahre* herauf: die Praterauen mit ihren
Molchstümpeln, der «Riegelhof» an der Rax mit seinen ländlichen Freu-

den (einschließlich Krebsbach und Feuerwehrball), die erste Liebe Ida Plankl, das Tennisspiel im Garten der Villa. Aber die *Stockflecken* auf der Seele des Helden und der düstere Determinismus der Handlung überschatten diese autobiographischen Lichtpunkte. *Es ging alles gut*, mit dieser Formel erledigt der kleine Bourgeois sein Liebesleben und seine sonstigen *Geschäftsdispositionen*. Blind und streberhaft rennt er *an den Wänden seines Daseins* entlang. Schnöde läßt er die Näherin Ida Plankl im Stich, die an seiner Gefühllosigkeit stirbt (dies ist der andere, bewußte Mord seines Lebens). Erst kurz vor seinem Tod gelangt er zur Selbsterkenntnis, zur Einsicht in die eigene Schuld und damit zur «Menschwerdung». *«Sie [sind] mit ungewöhnlichem Erfolge den längsten Weg gegangen, der alle Übel heilt»*, sagt der väterliche Freund Hohenlocher. *«Wer diesen Weg bis zum Ende und Kranze geht, gelangt in den Besitz eines Wissens, das nur einer verschwindend kleinen Zahl zuteil wird: nämlich zu wissen, wer eigentlich man selber sei.»*[163]

So richtig froh wird aber niemand bei dieser Erkenntnis. Weder Castiletz, der durch ein kurioses Explosionsunglück stirbt, noch der Leser, der nach Brandter, Cuendias und Ruy de Fanez abermals mit einem toten Helden zurückbleibt. Kaum eine positive Figur gibt es in diesem Roman. Günther Ligharts, der schlagkräftige deutsche Jugendfreund, weiß als Erwachsener in Berlin nur noch kindische Parolen zu brüllen. Marianne Veik ist eine Ehebrecherin, Hohenlocher ein Alkoholiker, selbst Louison Veik, das begehrenswerte Opfer der Tat (natürlich schwarzhaarig, weißhäutig und blauäugig!), ist ein männermordendes Luder, von Albert Lehnder, dem bisexuellen Hauslehrer, Henry Peitz, dem Hauptverdächtigen, und Botulitzky, dem verkommenen Medizinstudenten, zu schweigen.

Noch bedrückender als das Ensemble widriger Figuren aber ist die beklemmende Gestapo-Atmosphäre, die über dem ganzen Roman liegt. Zwar endet die Handlung im Jahr 1930, aber es scheint, daß Doderers Figuren die Prinzipien der Schreckensherrschaft schon verinnerlicht haben. Sachlich diskutieren sie Vor- und Nachteile von Inquisition und Geheimpolizei. *«Gegen jeden von uns läuft sozusagen irgendwo und irgendwie ein Akt [...]»*, stellt der Oberkommissar Doktor Inkrat fest, und ihm wird nicht widersprochen. Im Gegenteil, Doderer ermuntert sich in eigenartiger Verkennung dieser Berufe sogar noch, dem Beispiel von Polizisten und Ärzten zu folgen; denn sie haben seiner Meinung nach, genau wie *der reine Prosaschriftsteller, [...] das größtmögliche Opfer gebracht, das im Geiste gebracht werden kann: die Welt so zu sehen, wie sie ist, nie wie sie sein soll; [...] Bedenken Sie nur, welch ein Maß von [...] heldenhafter Bescheidenheit dazu gehört, seine Geisteskraft nur hinter dieses eine Ziel zu setzen: voll und ganz zustimmen zu können, ohne irgendwas auszunehmen, irgendwas ändern zu wollen; allem das Gegen- und Gleichgewicht nur im eigenen Innern zu bieten [...].*[164]

1938. «Ein Mord den jeder begeht»

Die Suche nach sich selbst treibt Castiletz schließlich in den Eisenbahntunnel nach Lauffen. Diesen Schauplatz für die entscheidende Untat hat Doderer aus einem sehr persönlichen Grunde gewählt. Für ihn sind die Recherchen vor Ort, die er im Oktober 1937 in der Umgebung von Stuttgart betreibt, eine Reise in die Vergangenheit seiner Familie. Sein Großvater Karl Wilhelm wurde hier am Neckar, in Heilbronn, geboren, und die Verwandten, die Kokosch als Knabe besucht, könnten durchaus Kindheitsbegegnungen Doderers sein. Aber es geht nicht nur um Familiäres. Es geht um Doderers Beziehung zu Deutschland, um sein eigenes Deutschtum. Castiletz löst eine Fahrkarte bis Heilbronn, kommt aber niemals dort an. Und während Castiletz doch immerhin einen grün-goldenen Beryll-Ohrring, den Schatz der Erinnerung, findet, findet Doderer nur einen einzigen, abweisenden Satz: «*Ja, was wellet denn ihr do?*»[165] Er gehört nicht nach Deutschland, das weiß er mittlerweile, und hier am Neckar bestätigt sich endgültig, was er schon in Dachau gespürt hat: *Ich bin wieder Ausländer geworden, sapienti sat, et Deo gratias.*[166] *Ein tragischer Irrtum geht mit seinem ganzen Werte über Bord und lässt uns nur das gewöhnlichste innere Elend zurück.*[167]

Wo aber ist Kokosch zu Hause? Sein Knabenreich liegt (ebenso wie die Castellezgasse) am Donaukanal. Dennoch antwortet Castiletz auf eine entsprechende Frage: Nein, er sei noch nie in Wien gewesen.[168] In der Tat hatte Doderer lange ein durchaus zwiespältiges Verhältnis zu seiner Heimat. *Ich wollt' ich wäre wirklich ein Wiener*, schreibt er nach seiner Rückkehr aus russischer Kriegsgefangenschaft im Januar 1921, denn er fühlt sich als *Zugereister* in seiner *so sehr geliebte[n] Stadt*. Im April 1933 dagegen heißt es verächtlich: *Wien ist die Stadt der Privatleute [...].* Und unmittelbar nach der Ankunft in Dachau: *Ich wundere mich fast, dass ich im Stande war, dort zu arbeiten, und ich bin sicher, dass meiner dort früher oder später die gänzliche Verkümmerung gewartet hätte.*[169] Daß er den österreichischen Staat abgelehnt hat, versteht sich nachgerade von selbst.

Vom Sommer 1937 an aber beginnt er sich mit Österreich und seiner Besonderheit positiv zu befassen: *[...] das grosse alte Österreich, mit seinen vielen Völkern, Ländern, Kostümen – nur in Wien war es ganz anwesend. So wie Rom, die urbs, allein das ganze Reich der Römer in sich enthielt. [...] Österreich ein antikischer Staat, ein Stadt-Staat. Das ist heute sogar noch stärker angedeutet als einst, durch die Kleinheit des umliegenden Gebietes.* Es ist mehr als Heimweh, was sich hier artikuliert. Daß der Staat Österreich, 1804 eher zufällig unter dem Druck Napoleons entstanden, *eine so bedeutende Zähigkeit zu beweisen vermochte* und auch heute noch existiert, erscheint ihm plötzlich bemerkenswert. *Dem Österreicher, der eine Fülle einzelweiser, herzählbarer Untugenden darbietet, ja solche geradezu vorstreckt wie ein Baum seine Äste, dem Österreicher, dessen Geschichte sich – wenn ich etwa auf die letzten 120 Jahre zurückschaue – nicht so sehr in vorwiegend monumentalen Maßen sammt zugehörigen Atro-*

citäten abgespielt hat, sondern, man möchte sagen, in scandalöser, in är-
gerlicher Weise: diesem Österreicher also wohnt, und vielleicht heute noch,
irgend eine «virtus» inne, die er verbirgt, [die sich] aber bewährt.[170] Zu dieser Tugend bekennt er sich, wenn er Gütersloh ankündigt: *Ich bin weit*
eher bereit, den Abgrund meiner eigenen rationalistischen Irrtümer auszu-
loten, als mir den Rückweg in die allein heilende Resignation durch mein
eigenes Appellieren und Postulieren verlegen zu lassen. […] komm' ich
heil zurück, bin ich politisches Instrument, ohne davon mehr zu wissen.
Denn, als Grieche unter Nicht-Griechen lebend, kann ich eigentliche Tra-
gik garnicht haben. […] Nur diese Haltung rettet mich letzten Endes davor,
unter Barbaren lächerlich zu werden, was gerade noch fehlte.[171] Ende 1937
reist Doderer nach Wien und wohnt eine Woche lang in der Sterngasse 7.
Zum Jahreswechsel 1938 trifft er sich mit Gütersloh in Salzburg, dabei
gibt es offenbar Streit. Doderer kann den Älteren nicht von seinem «Ja
zu Österreich» überzeugen.

Und zu spät ist es ja ohnehin. Am 12. Februar bestellt Hitler den österreichischen Bundeskanzler auf den Obersalzberg. «Sie werden doch
nicht glauben, daß Sie mich auch nur eine halbe Stunde aufhalten können?» brüllt er. Eingeschüchtert unterschreibt Schuschnigg einen Vertrag, der den Nazis eine Regierungsbeteiligung einräumt. (Neben Arthur
Seyß-Inquart wird auf diese Weise auch Doderers Studienkollege Edmund Glaise-Horstenau für wenige Tage Minister.) Die Republik ist verloren. Aus dem Pariser Exil eilt Joseph Roth herbei, um Schuschnigg zu
überreden, die Macht in die Hände des Thronprätendenten Otto von
Habsburg zu legen. Er kommt bis zum Polizeipräsidenten Michael Skubl,
der ihm rät, schleunigst zu fliehen.[172] Eine überraschend angesetzte
Volksabstimmung am 13. März soll den Ständestaat retten, aber unter
dem Druck der Nazis tritt Schuschnigg zwei Tage vorher zurück. Im Mor-
gengrauen des 12. März 1938 erscheinen über Wien deutsche Flugzeuge,
um acht Uhr morgens überschreiten deutsche Truppen die Grenze.

Von der nationalsozialistischen Minderheit werden die Truppen und
Hitler begrüßt. «Nun ist Alles so gekommen, wie wir's gewünscht
haben», schreibt Gütersloh begeistert nach München. «Der Führer ist
der Kommissar, wie ich ihn gesehen habe […]. Lieber Freund, nicht
meine Feder ist schlecht, sondern die Hand bebt mir, ich habe fast keinen
Schlaf seit Tagen, ich bin ein Stück des brüllenden, erlöst umherziehen-
den Volkes, in einem einzigen, schlechten Anzug und mit kaum einem
Groschen in der Tasche seit Monaten […]. Nun aber beginnt erst das
Leben […]! Nun antworten Sie aufs Schnellste. Ich glaube, daß wir zusammen zu arbeiten haben! Ich grüße Sie mit: Heil Hitler!»[173]

Doderer schwieg. Wieder einmal – wie 1918 beim Zusammenbruch der
Monarchie, wie 1919 bei der Rekrutenerschießung in Krasnojarsk, beim
Justizpalastbrand im Juli 1927 und beim Nazi-Putsch von 1934 – war er
weit weg vom Geschehen. Erst nach zwei Wochen schien es ihm oppor-

tun, sich bei Haybach in Erinnerung zu bringen, der von den Nazis zum Leiter der «Kunststelle» gemacht worden war: *Die Ereignisse von der Monatsmitte*, schrieb er, *hatten auf mich eine sehr eigentümliche Wirkung. Irgendwie schien mir mit diesem Geschehen die Flut des Positiven in der Welt wieder zu steigen, so dass sie auch mich [...] emporhob, wie einst die Wasser des weiland Noah Arche. Tatsächlich zeigt meine Arbeits-Statistik [...] einen Hochstand der Leistung [...].*[174] Die etwas eigenartige Metapher (schließlich wurde die Arche Noah nicht gerade von einer *Flut des Positiven* gehoben!) spricht Bände. Sie wird später wiederkehren, wenn sich Doderer mit Jonas *im Bauch des Walfischs* vergleicht oder mit einem Schiffbrüchigen, der in einer *Tonne* über das Meer treibt.

Als in Dachau die ersten Transporte mit Gefangenen aus Österreich eintrafen (darunter auch sein ehemaliger Kommilitone Viktor Matejka), fuhr Doderer nach Berlin, um Studien für seinen Roman anzustellen. Beklommen steht er vor der Prinz-Albrecht-Straße 8, wo sich die Folterkeller der SS befanden und der SD seinen Sitz hatte: *Die doppelte Säulenreihe vor der Auffahrt des ehemaligen Palais Albrecht verlor sich kalt in der eingefallenen Dunkelheit. Das mächtige Haus selbst [...] entwich wesenlos nach rückwärts in sein massiges Schwarz.*[175]

Ein Mord den jeder begeht wurde termingerecht am 17. Mai 1938 beendet und erschien am 10. Oktober. Es wurden dreitausend Exemplare ausgeliefert. Doderers Honorar betrug 1728 Mark. Einer zweiten Auflage wurde von den Behörden die Papierzuteilung verweigert. So erschien sie erst nach dem Krieg, im Jahre 1958.[176]

«Ein existenzabsprechendes Schweigen» (1939–1945)

Noch vor dem Einmarsch der deutschen Truppen hatte es in Wien Ausschreitungen gegen die jüdische Bevölkerung gegeben. «Mit nackten Händen», schreibt Stefan Zweig, «mußten Universitätsprofessoren die Straßen reiben, fromme weißbärtige Juden wurden in den Tempel geschleppt und von johlenden Burschen gezwungen, Kniebeugen zu machen und im Chor ‹Heil Hitler› zu schreien. Man fing unschuldige Menschen auf der Straße wie Hasen zusammen und schleppte sie, die Abtritte der SA-Kasernen zu fegen; alles, was krankhaft schmutzige Haßphantasie in vielen Nächten sich orgiastisch ersonnen, tobte sich am hellen Tage aus.»[177]

Als Doderer fünf Monate später nach Wien zurückkehrte, hatte sich die Lage «beruhigt». Für Gusti, die nicht zuletzt unter Doderers Einfluß zur bewußten Jüdin geworden war[178], ging es jetzt darum, sich scheiden zu lassen, damit sie ihr Leben retten und ausreisen konnte. Doderer dagegen richtete sich in den Verhältnissen ein. An Heinrich Beck schreibt er: *Wir haben uns […] bemüht, mit den Gegebenheiten zurechtzukommen ohne dies Gottgesetzte noch ändern zu wollen, […] und so werden wir, in dem Maße, als wir von Veränderungen nichts mehr, von der Verwandlung unserer selbst alles erwarten, praktisch conservativ…*[179]

Seit September 1938 wohnte Doderer Wand an Wand mit Gütersloh in einem Atelier in der Buchfeldgasse 6. Er weiß diese Wohnung zu schätzen: *Eine helle, hohe Schachtel im Licht […], die leeren Augen gefüllt mit den herauf- und hereinfallenden Massen der Stadt […].*[180] Hier verschanzt er sich vor der deutschen Besatzung, *die sich mit Schwärmen von Dienst-Stellen errichtenden Militärs über ‹die zarte Grenze Griechenlands› ergoß, überall taxierend, schaltend und verwaltend und alles ändernd, immer mehr und mehr, wie wir sehen mußten; und wie eilig hatten sie es, unsere gelben Briefkastel durch ihre knallroten zu ersetzen, während hinter ihnen die Menschenpeiniger in Zivil kamen, die Organe des Volks der Richter und Henker, und hinter diesen noch zahllose feistnackige Zivilisten, den Hut ganz genau in der Mitte gerade aufgesetzt, beim Sprechen Pappendeckel am Gaumen oder Kartoffelsalat im Munde (so klang es): und diese Apokalyptiker stürzten sich in alle Geschäfte und kauften sie kahl aus, ver-*

März 1938. Juden werden von der SA gezwungen, den Bürgersteig
zu waschen.

*langten Backhendel zu essen und unsern Wein zu beschlagnahmen, such-
ten das ‹richtige Wiener Leben›, welches sie gleichzeitig zu vernichten gekommen waren, […] und hier sagten sie dann, Wien sei enttäuschend.*[181]
    Die exponierte Lage des Ateliers führte alsbald zu einer neuen Manie.
Von der Dachterrasse aus hielt der frauenlose, mittlerweile zweiund-
vierzigjährige Autor (seine künftige, oft besuchte Ehefrau Maria blieb
grundsätzlich in Landshut) regelmäßig Ausschau nach unbekleideten
Weibspersonen in den erleuchteten Fenstern der tiefergelegenen Woh-
nungen. Eben diese Gewohnheit dichtete er dann dem ursprünglich von
Güterloh erfundenen Amtsrat Julius Zihal an. «Ein geistesfeindlicher,
humorloser, pedantischer Subalternbeamter»[182], ein Scheusal ist dieser
Amtsrat – und doch eignet ihm jene «österreichische virtus», der Doderer seit seiner Dachauer Zeit auf der Spur war. Die neue Liebe zu Österreich versteckte er freilich unter einer dicken Kruste von Ironie. Daß er
Heimweh nach *Zuständen des Lebens* empfand, *die uns heute fremd, weil
längst überwunden sind*, daß er *Monarchist* und Anhänger der österreichischen Eigenstaatlichkeit war, sollte der Leser nur zwischen den

Zeilen wahrnehmen. So zum Beispiel, wenn der Amtsrat, der sein Leben streng nach der *Dienstpragmatik des k. k. Finanzministeriums* ausrichtet, einen Feldstecher kauft, der *1866* bei *Königgrätz*, natürlich *auf österreichischer Seite* dabei war.[183]

Der eigentliche Wert der Erzählung besteht aber darin, daß Doderers «Rückzug auf die Sprache»[184] die entscheidende Form findet. Während er sich bisher stets um eine volltönende, gehobene, «edle», auf jeden Fall aber «hochdeutsche» Sprache bemüht hatte, in der Austriazismen (zum Beispiel «Kasten» für «Schrank»)[185] eher versehentlich wirken und Dialektpassagen stets durch Anführungszeichen ausgegrenzt werden, sucht er jetzt gezielt nach einer anderen, eigenen Sprache. Am 11. April 1939 entdeckt er nach längeren Studien in Hofmannsthals «Andreas»-Fragment ein Stück Zukunft: *die hier sich zeigende Möglichkeit von nichts weniger als einer neuen europäischen (wahrhaft europäischen!) Sprache: der österreichischen nämlich.* Doderer, in dessen deutscher Familie mit Sicherheit nicht gerade im Dialekt der Wiener Vorstadt parliert wurde, geht es dabei nicht etwa um Volkstümlichkeit. Ganz im Gegenteil: Die *Dienstpragmatik des k. u. k. Finanzministeriums* mit ihrer bizarren Metternichschen Kanzleisprache benutzt er als Seiteneingang zu jener weltläufigen österreich-abendländischen Urbanität, deren mentaler Horizont

Blick aus der Buchfeldgasse 6, wo Doderer von 1938 bis 1956 gewohnt hat.

sich vom türkischen Balkan bis zu den britischen Inseln erstreckte und deren historisches Bewußtsein von der römischen Vergangenheit bis zum Bau des Suezkanals und der Semmeringbahn reichte.

Daß es sich bei der *Menschwerdung des Amtsrates Julius Zihal* auch um die Auflösung einer sexuellen Verirrung handelt, weist auf die *Chronique scandaleuse/Dicke Damen* zurück. *Eine Frau, die sich entkleidet [...]; in einem dunklen Fenster gegenüber ein Mann, der ihr durch's Opernglas zusieht: [...] Es ist was ähnliches wie das Liebeswerben mittels Zeitungs-Annoncen, die Fata Morgana großstädtischer Sexual-Chancen.*[186] Doderer hatte den kleinen Roman denn ursprünglich auch als XXI. Kapitel der *Dämonen* geplant.[187]

Von diesen hatte er sich innerlich freilich längst weit entfernt. Im selben Maße, wie seine Hoffnungen auf das «Dritte Reich» sich aufgelöst hatten, war dem Werk der Zielpunkt verlorengegangen. Jener in der Zukunft liegende, alles legitimierende politische Zustand, von dem aus *der Autor* in aller Seelenruhe und Siegesgewißheit *als nach rückwärts gekehrter Prophet* hätte auftreten können[188], war seit 1936 auch subjektiv nicht mehr zu erwarten. Aber Doderer konnte nicht aufgeben. Zuviel Mühe und Herzblut (aber auch Erwartungen des Verlages) steckten in dem Roman. Gegen Zahlung von monatlich 200 Reichsmark hatte Doderer sich im Januar 1939 verpflichtet, dem Verlag Teil Eins und Zwei der *Dämonen* bis November 1940 «zur Prüfung zu übergeben» und seine berufliche Existenz und sein Selbstverständnis als Schriftsteller an ein Projekt gebunden, dessen Voraussetzungen längst überholt waren. Von den *Dämonen* loszukommen, hält er für ausgeschlossen; denn: *Es gibt auch, strenggenommen, nicht verschiedene Werke eines Dichters, sondern bei jedem nur ein einziges, [...] es gibt nur e i n e n Roman, den totalen [...],* und was er enthält, ist *die eigene biographische Wahrheit.*[189] Am 17. Februar 1939 schreibt er an Heinrich Beck: *Evident ist mir heute dieses Eine: hätte ich nicht «Ein Umweg» und «Ein Mord» zwischendurch geschrieben, dann wäre der Roman «Die Dämonen» heute längst fertig – und endgültig gescheitert. In dieser Hinsicht komme ich mir vor wie der bekannte Reiter über den Bodensee.*

Doderers Überzeugung, das rettende Ufer erreichen zu können, gründet sich auf das neue «Thema», das *die neue Grundlage der DD* werden soll: *Genf, morbus p[oliticus].* Gemeint sind damit alle reformerischen und «revolutionären» Bestrebungen, alle Meinungen und Ideologien. Schon im *Mord* hatte Doderer jeden Versuch, die Welt zu verändern, als Flucht in eine zweite Wirklichkeit definiert, dem Typus des weltverändernden Täters aber doch noch zugebilligt, daß sein Leben und Wirken bei entsprechender *Haltung im Geiste* durchaus *machtvoll und schön* sein könne; jetzt will er jede Bestrebung dieser Art endgültig *als tiefe Lebens-Schwäche* entlarven. Lenin, Calvin und Luther nennt Doderer im Tagebuch ganz ausdrücklich[190], aber es kann kein Zweifel bestehen, daß auch der Nationalsozialismus gemeint ist. Die Begeisterung hält allerdings nicht lange an. Am 1. Juli 1939 schon erscheint ihm das *mühsam erweckte* Thema *wie taub, wie eine Inhaltsangabe, die man ex post machen könnte, nicht aber als jener Protoplasmakern,* den ein Roman braucht. Ende Januar 1940 kommt es zur Krise: *Hier ist nun der Punkt, an welchem ich einsehe, daß ein Roman auf ‹thematische› Art und Weise überhaupt nicht entstehen kann; sondern nur aus einer Gestalt oder aus Gestalten oder aus einem erzählerischen – sei's auch rein erzählungs-technischen – Grund-Einfall, mit welchem ja Personen ab ovo gegeben sind. […] Ein «Thema» kann es nur als Vorstellung bei einzelnen Personen im Roman geben, eine andere Existenz kommt ihm hier nicht zu, und schon garkeine als leitender Gedanke beim Autor, der sich nur Menschen vorzustellen hat, aber keine Ideen.* Rückblickend erkennt er, wie bei den *Dämonen* seit 1930 immer nur *ein «Thema» das andere verschlang.* Die Fragwürdigkeit der *Personen und Situationen* in den ersten siebzehn Kapiteln steht ihm jetzt plötzlich so deutlich vor Augen, daß er zum erstenmal an seiner *Mission* zweifelt: *Heut' stand mir die Notwendigkeit, überhaupt noch weiter ein Schriftsteller zu bleiben, durch mehrere Augenblicke sehr in Frage.*[191]

In seiner Not macht Doderer die Krise selbst zum Gegenstand des Erzählens. Zwischen dem 15. Februar und dem 2. Mai 1940 verfaßt er das XVIII. Kapitel mit dem bezeichnenden Titel *Auf offener Strecke.* Der *erzählungs-technische Grund-Einfall* des *Sektionsrates Geyrenhoff*[192] aus dem Jahre 1934 muß dazu herhalten, daß sich Doderer am eigenen Schopf aus dem Sumpf zieht: Nicht er, sondern seine Erzählerfigur hat sich *freiwillig und rein vernunftgemäß* in *diese ganze Sackgasse* (des Nationalsozialismus) verrannt. Nicht ihm, sondern Geyrenhoff stehen die *Unsrigen* und *das Genick meines Neffen, des Herrn Doktor Körger* im Wege und verstellen den Ausblick. Nicht er, sondern sein Chronist ist *Revolutionär geworden,* hat sich *vom Anschaulichen entfernt* und redet daher wie *Eulenfeld oder Schlaggenberg oder gar der Doktor Körger selbst.* Nicht ihm, sondern dem *Sektionsrat* starren die vorliegenden siebenhundert Seiten des Romans *fertig und in sich geschlossen und also unverständlich entgegen.*[193] Und um nicht erneut in den Fehler einer «thematischen» Konstruktion zu verfallen, wird das, was Doderer vor kurzem noch für die *neue Grundlage* des Romans hielt, also die Kritik des «Revolutionärs», dem neu in den Roman eingeführten Hofrat Gürtzner-Gontard (dem Vater Liceas!) in den Mund gelegt, einer ersten, schönen Verkörperung jenes toleranten, weltoffenen Österreichertums, das Doderer fortan propagiert.

Nachdem das *Vorfeld* solcherart freigeräumt ist, beginnt, sozusagen bei offenem Vorhang, die Suche nach neuen Substraten. *In die Zeit, welche vor alledem gewesen war,* möchten Doderer/Geyrenhoff sich *zurückziehen,* in den *intakten Duft einer heileren Welt.* Und so erhebt sich überraschend die Frage: *Was war eigentlich mit Stangelers?*[194]

«Wie ein Schiffsbug über den Wassern». Doderers Pfarrkirche «Maria Treu» mit der Gottesmutter auf der Mondsichel – und dem Café gleichen Namens.

Doderers Familie hatte auf seine Rückkehr aus Deutschland nicht allzu positiv reagiert. *Ja, mir ahndet jetzt, was das ist, mit dieser ganzen Familie*, notiert Doderer am 30. Oktober 1939 nach einem kurzen Aufenthalt auf dem «Riegelhof», *kaum mit ihr in Berührung gekommen, muß ich mich zusammenziehen, als hätt' ich in Saures gebissen [...].* Lediglich eine einzelne, kaum gekannte Gestalt taucht aus der Tiefe der Jahre herauf: seine Schwester Etelka/Helga, die im Januar 1927 Selbstmord begangen hatte. *«Seltsam, daß man ihr schon als Kind einen ungarischen Namen gegeben hat»*, bemerkte [Gürtzner-Gontard], *«später hat sie einen Ungarn zum Mann gekriegt und hat in Budapest gelebt und ist auch dort gestorben. Hat sich umgebracht, sagt man, wie?»*[195]

Allem das Gegen- und Gleichgewicht nur im eigenen Innern zu bieten, hatte Doderer sich vorgenommen (s. oben, S. 64). Aber das konnte er natürlich nicht durchhalten. Schon in Dachau hatte er bei der Bibel Zuflucht gesucht. *Die vorzüglichste Leistung ist, in gnadenlosen Zeiten eine Haltung zu erzeugen und zu bewahren, welche dem Wieder-Eintreffen der Gnade völlig bereit zugekehrt ist [...].*[196] In Wien wurde die Suche nach einem Ausweg konkret: Doderer nähert sich der katholischen Kirche.

Gestern morgens um acht Uhr nahm ich an einer Messe im Dom teil, notiert er am 21. Dezember 1938. *Die Sammlung fiel mir schwer; für eines Augenblickes Länge aber war ich glücklich.* Unter Anleitung der Jesuitenpatres Bichlmaier und Born, die sich im Auftrag des Erzbischofs auch um getaufte «Nichtarier» kümmerten und vielen von ihnen zur Flucht ins Ausland verhalfen, bereitet er seine Konversion vor. Bald richtet sich sein Blick auf seine künftige Pfarrkirche Maria Treu, die ihm von der Buchfeldgasse aus *wie ein Schiffsbug über den Wassern* erscheint. *Bei der Kirche und dem Kloster – das mit ihr zusammen einen der schönsten Plätze bildet, die ich kenne, mit der Gottesmutter auf der Mondsichel inmitten – bei der Kirche also befindet sich ein kleines Café gleichen Namens, für Confessionslose. Ich war noch nie darinnen. Confessionslose werden übrigens auch in der Kirche selbst geduldet, die ich aber bisher nicht betreten habe. Beides wird jetzt der Fall sein. Zuerst natürlich werde ich in das Café gehen.*[197] Diese ironische Beschreibung der eigenen Glaubensbefindlichkeit spricht dafür, daß die Konversion nicht nur Flucht vor politischer und menschlicher Schuld, sondern auch ein Stück Rollenspiel war. Doderer wollte ein Zeichen der Umkehr setzen, wohl nicht zuletzt deshalb, weil er plötzlich doch noch mit dem Gedanken an Ausreise spielte. Am 10. April 1940 stellte er beim amerikanischen Generalkonsu-lat einen Einreiseantrag in die Vereinigten Staaten und wurde unter der Nr. 76256 auf die Warteliste gesetzt.

Die Konversion war aber auch von einer Neu-Bestimmung der eige-nen Werte begleitet. *Wir können Gott nur lieben, indem wir die Apper-zeption des Lebens nicht verweigern*, schreibt Doderer am 13. Dezember 1939. Und dieser Schlüsselbegriff der *Apperzeption* (der bewußten, un-eingeschränkten Wahrnehmung) enthält ein umfassendes Lebenspro-gramm: Aus dem «irrenden Ritter» und Abenteurer, der allen mög-lichen (sexuellen und politischen) Einengungen folgte, soll der demütige, auf göttliche Gnade vertrauende, apperzeptionsbereite mön-chische Schriftsteller werden, der (wie der seit 1925 verehrte *heilige Fjo-dor Mihailowitsch* Dostojewski[198]) die Welt im Sinne des frühen Lukács «fern von jedem Kampf gegen das Bestehende, als einfach geschaute Wirklichkeit abzeichnet»[199]. So wie Thomas von Aquin als Theologe auf die Analogia entis, will Doderer als Schriftsteller auf die in der Außen-welt vorgegebene Sinnhaftigkeit aller Phänomene vertrauen. Seinen Konservatismus, seine Ästhetik der Nicht-Einmischung und seine Lust an der sinnlichen Wahrnehmung definiert er künftig als Katholizismus. *Jedes Phänomen ist Position des Schöpfers, Seine dingliche Sprache und bleibe schon deshalb unwidersprochen.* Daß er damit in eine neue Befan-genheit eintritt, ist Doderer durchaus bewußt, aber er weiß auch, daß es ohne eine solche Befangenheits-*Sphäre* weder Leben noch Literatur gibt: *Anders stünden uns die Knochen eines übrig gebliebenen, bloß ab-strakten Wissens frierend in den leeren Weltraum hinaus [...].*[200]

Am 28. April 1940 wird Doderer von Pater Ludger Born S. J. in die Kirche aufgenommen. Die Erstkommunion – angesichts der Übergriffe gegen die katholische Kirche (erst wenige Monate zuvor hatte die Ge-stapo Doderers ersten Betreuer, Pater Bichlmaier, verhaftet) tatsächlich eine politische Demonstration – fand am folgenden Tag statt.

Ehe Doderer aber Gelegenheit hatte, sich in irgendeiner Weise persön-lich oder literarisch entscheiden zu müssen, rettete ihn das deutsche Militär aus der Krise. Am 30. April 1940, einen Tag nach seiner Erst-kommunion, mußte er als Leutnant zur Luftwaffe einrücken. Nach einer Ausbildungszeit in Kamenz (*vom Stubenräumen des Morgens um sechse bis zum Putzen des Gewehrs am Abend*[201]) und einer Zwischenstation in Breslau kam er im Sommer 1940 zu den Besatzungstruppen in Frank-reich und im April 1942 nach Ryschkowo in der Nähe von Kursk. Im Winter machte sich seine Trigeminus-Neuralgie wieder bemerkbar, und er wurde nach Hause versetzt. Von September 1943 bis November 1944 tat er in Wien bei der Annahmestelle für Offiziersbewerber der Luft-waffe Dienst, bis ihn die letzten Zuckungen des deutschen Militärappa-rats ausgerechnet nach Oslo verschlugen.

1942 in Rußland. Hauptmann der Luftwaffe «auf den Wällen von Kursk».

1941 Mont-de-Marsan. Direktorsvilla der Anstalt für Geisteskranke, unmittelbar neben dem Flugplatz der Luftwaffe. Hier wird die Erinnerung an den Stadtteil unterhalb der Strudlhofstiege lebendig.

Was auf den ersten Blick wie eine Odyssee wirken könnte, erweist sich auf den zweiten vielmehr als Idylle. Denn es waren vor allem die stillen Seitengewässer des Krieges, in denen sich Doderer aufhielt. *Die sechs Jahre dieses Dienstes in aller Herren Länder, davon eines als Kompaniechef an der russischen Front, waren doch gesammelte und sammelnde, ja, tief beschauliche.*[202] Da gab es ein bequemes Himmelbett in einem normannischen Dorf, die Direktorsvilla einer Krankenanstalt in Mont-de-Marsan, ein Zimmer mit Meerblick in Biarritz und schließlich in Norwegen *eine weiße, kleine Glasveranda und große Sträuße des späten Flieders darin*[203]. Es war auch nicht so, daß Doderer nicht mit den *Dämonen* vorankam. Ins *Tagebuch hineinverschwunden*[204] waren sie vielmehr deshalb, weil er versuchte, sie gegenüber der Realität zu öffnen, die ihn umgab, und als *totalen Roman* fortzusetzen: *Ein Schloß in Nordfrankreich, vom Meer nicht weit,* heißt es im sogenannten *Epilog auf den Sektionsrat Geyrenhoff* ziemlich abrupt, *und ich unter dem ciel de lit dort einquartiert, als Offizier nämlich, denn wir haben Krieg.*[205] Aber so abrupt konnte man eben doch nicht aus dem Arbeitszimmer des Hofrates Gürtzner-Gontard im Jahre 1927 in den Zweiten Weltkrieg hineinspringen. Zumal Doderer dieser Krieg schrecklich irreal vorkam.

Wirklichkeit war für ihn definiert als der Grad an Übereinstimmung von innen und außen. Daß er in einem *Aion geminderter Wirklichkeit* lebe, hatte Doderer schon seit 1936 geahnt[206], ohne aber diesen Sachverhalt mit der Scheinwelt des «Dritten Reichs» in Zusammenhang zu bringen. Seine Theorie der *geminderten Wirklichkeit* bezog sich eher auf solche Phänomene wie die jüdisch-liberale Presse, die Welt der Technik, die Wissenschaft des 19. Jahrhunderts, das Geschäftsleben und das Finanzwesen. Auch in Deutschland waren Doderer nur Randerscheinungen der NS-Propaganda wie zum Beispiel die Fremdenverkehrswerbung ins Blickfeld geraten.[207] Jetzt, im Krieg, in deutscher Offiziersuniform, kennt Doderer sich selbst nicht mehr wieder. *Sämtliche Bestand-Stücke dieses [im vorangehenden Absatz zitierten] Satzes [über den Krieg] könnten aus dem achtzehnten Jahrhunderte genommen sein,* stellt er fest, aber *sie emanieren keinerlei Aura mehr, der Hauch ist von ihnen gestreift, das Leben, tief gekränkt hat sich verflüchtigt.*[208] *Die Brücke zwischen innen und außen, die Brücke der Wirklichkeit, ist zerbrochen.*[209]

Mitte April 1945, als Wien von den Russen besetzt wird, hält sich Doderer in Dänemark auf. Am 23. setzt er nach Oslo über (was bei ihm Erinnerungen an Gusti und deren Aufenthalt in Norwegen auslöst). Mitte Mai gerät er, inzwischen in den Rang eines Hauptmanns befördert, in englische Gefangenschaft, die er als Befreiung erlebt: *Das Tönnchen ist geplatzt,* jubelt er am 8. Mai 1945: *Ja, ich fühl's: das Leben ist wieder da, es wird auch an mich als an einen Einzelnen wieder herantreten. [...] Wir ge-*

Die Villa in Mont-de-Marsan heute

hen der Kriegsgefangenschaft entgegen, der Deklassierung, wieder einmal
dem Leben in trüber Masse in Baracken und hinter Stacheldraht... ‹wir›:
das hat ein Ende. Dieser doppelte Boden bricht ein. Jetzt heißt es: ich. Und
ich will's ertragen.[210] Zehn Jahre später fügt er hinzu: *Ich hielt mich beim*
deutschen Militär durch fortwährendes Hinaus-Schieben jedes Handelns,
ich fiel nicht auf diese konkret gewordene zweite Wirklichkeit herein [...].
Ich benahm mich keineswegs wie in einer realen Welt (hier gründet der Un-
terschied zwischen meiner Haltung und der Ernst Jüngers) und ich wußte
in jedem Augenblicke sehr wohl, daß ich keine solche um mich habe, son-
dern eine irreale von – immer noch, immer noch, jahrelang! – außeror-
dentlicher Tiefe. Doch erwartete ich unausgesetzt ihr Abflachen, ihr Seich-
ter-Werden: und als der Grund dann endlich herauftrat, setzte ich meine
Füße sogleich kräftig auf den wieder sichtbar gewordenen Boden [...].[211]

Im Kriegsgefangenenlager herrschen relativ idyllische Zustände. Es ist
Sommer. Doderer liest Goethes «Italienische Reise» *(Welch ein gewalti-*
ger Apperzipierer!), Nestroy, Stifter und Grillparzer. Seit dem 4. Juli 1945
stand fest, daß es wieder einen österreichischen Staat geben würde, und
Doderer träumt von einer *österreichischen Literatur*, die *das Verborgene*
sichtbar macht: die österreichische *virtus*. Dazu ist es nötig, *jeden quanti-*
tierenden Begriff von Nation überhaupt so weit wie möglich hinter uns zu
lassen. Österreich ist seinem Wesen nach ein antiker Staat, eine polis, in
Wien als Ganzes enthalten, ein Schnittpunkt, aber keine Ausdehnung. So
war es immer, auch als diese polis sich Kronen und Länder angefügt hatte.
Das Wesen der österreichischen Nationalität ist zum allerwenigsten grob-
materiell.[212]

Auch was Doderer dem neuen Staat mitzubringen hatte, war alles an-
dere als *grob-materiell.* Schon drei Jahre zuvor, im Dezember 1941 in
Südfrankreich, hatte er etwas erlebt, was er später *la révélation de la*
grammaire par un souvenir en choc nennt.[213] Bei seiner Suche nach der
Zeit, welche vor alledem gewesen war[214], hatte er sich überraschend an den
Stadtteil unterhalb der ‹Währingerstraße› erinnert, der *Alsergrund* heißt.
Hier ist Sattheit und Reichtum, heißt es am 6. Dezember 1941 im *Roten*
Notizbuch in Mont-de-Marsan. Und bald darauf: *Ich kehre zu jenem*
Stadtteil zurück, in welchem ich, so viel mir jetzt erinnerlich ist, nie ge-
wohnt habe, und wo doch fast alles seinen Anfang zu nehmen mir heute
scheint. Es war dies die Gegend, wo *der kleine E. P.* gewohnt hatte, Doderers jüdischer Kriegskamerad, dem er 1921 die Freundin weggenom-
men hatte und der ihm (deshalb?) jetzt plötzlich als Schlüsselfigur seines
Lebens erscheint. Deutlich erinnert er sich an dessen Zimmer: *Es er-*
klang dieser Raum in einer seltsam hohlen und klagenden Weise, wenn un-
ten durch die lange und grade Porzellangasse eine Tramway rasch dahin-
glitt: denn das eine Ende eines quer-tragenden starken Drahtes, daran die
Leitungen hingen, war in der Ecke des Hauses verankert, dicht beim Zim-
mer des kleinen E. P. Wann immer ich später und anderswo diesen Ton in

einer Wohnung hörte, ist E. P. in mir aufgestiegen, mit seinem Zimmer, sei-
nen Büchern, seinem Charme, seinem Unglück, seinen leicht getrübten
Augen, seiner Heftigkeit und aufgeblätterten Seele, seiner Güte und seinem
Wert.[215]

Und während er sich um diese Figuren und Räume bemüht, die später
so *herzbewegend* wurden, daß sie immer wieder *in's Taubengrau* des Ver-
gessens *zurückfliehen,*[216] beginnt Doderer seine neue Romantheorie zu
formulieren: *Was dem erzählerischen Zustand zu Grunde liegt ist nichts*
geringeres als der Tod einer Sache, nämlich der jeweils in Rede stehenden,
die ganz gestorben, voll vergessen und vergangen sein muß, um wiederauf-
erstehen zu können. Das Grab der Jahre hat sie von allen Wünschbarkei-
ten und Sinngebungen gereinigt, die sie entlangspalieren mußte, solang sie
lebte. Damit allein, mit dem vollständigen Absterben und Gleichgültigwer-
den eines ganzen Komplexes ist die Gewähr gegeben, daß jede vernünftige,
wägende, schätzende Beziehung dazu endgültig durchschnitten wird und
daß wir nicht mehr die Ereignisse entlang in ihre vermeintliche oder sol-
lende Fluß- und Zielrichtung blicken. [...] Damit aber, mit dem Ausschei-
den der Möglichkeit, den ‹Stoff› aus irgendwelchen rationalen oder gar ra-
tionellen Motiven zu wählen und zu ergreifen, [...] ist seine spontane, frei-
steigende Wiederkehr ermöglicht, sein Wieder-Erscheinen auf einer neuen
und anderen Ebene: nämlich jener der Sprache.[217]

Auf den ersten Blick erscheint das wie eine Anwendung der psycho-
analytischen Methode: Das *ineinander gesunkene und verschobene*
Gemäuer in der braunen Tiefe der Jahre dort unten sei für den Schriftsteller *kein Steinbruch, wo er hingeht, Baustoff zu holen,* erklärt Doderer.
Sondern von selbst wird plötzlich ein Teil aufleuchten wie von innen er-
hellter Smaragd, grün-glühend, und jedesmal wird dieser Teil als ein Eck-
stein erkannt werden, der verworfen war.[217] Aber die *spontan* aus der Vergangenheit (und das heißt wohl aus dem Unbewußten) aufsteigenden
Bilder sind für Doderer nur Auslöser eines Prozesses, in den dann viel
bewußte, auch auf Tagebuchnotizen, Fotos und andere «Realien» ge-
stützte Erinnerungsarbeit eingeht und der erst mit der sorgfältig geplan-
ten Komposition seinen Höhepunkt findet. Dieser Prozeß führt zu einer
großen Offenheit gegenüber den sinnlichen (insbesondere auch akusti-
schen und olfaktorischen), topographischen und physiologischen Gegebenheiten des Lebens, aber natürlich unterliegen alle Wahrnehmungen
doch der künstlerischen Absicht und Auswahl und durchaus auch den
seelischen Mechanismen, die uns den Zugang zu Erlebnissen sperren,
die uns traumatisiert haben oder Schuldgefühle hervorrufen könnten.
Zahllose, sehr peinliche Details enthält in Bezug auf uns selbst unser Le-
ben, besonders die Jugend – wir wischen sie rasch aus dem belichteten
Raume der Vorstellungen weg, wenn sie da auftauchen [...].[218] Doderers
Technik ist ein heikles Spiel mit der Verdrängung (weshalb es nur logisch
ist, daß er *alle psychologische Terminologie, jenes ganze Kauderwelsch der*

Seelenschlosser und speziell den Begriff der Verdrängung argwöhnisch abgelehnt hat).[219]

Dabei hatte er sich gerade kurz zuvor selbst bei einer Verdrängung ertappt: *In dieser Niederschrift sage ich einmal, ich habe dort nie gewohnt, und ich glaubte das wohl auch [...]; [aber] wie ich nun jetzt schaue [...], da entgeht es mir freilich nicht, daß ich dort unten im Alsergrunde einst gewohnet hab'. [...] Es war schräg gegenüber einem der großen Fernbahnhöfe [...].* Spontan entschließt sich Doderer zur Verknüpfung des neuen Erinnerungsmaterials mit den *Dämonen*: Offenbar noch ohne zu wissen, was daraus werden soll, verlegt er die Wohnung der Familie Siebenschein/Hasterlik (die sich «realiter» ja in der Wickenburggasse befand) in das Haus am Althanplatz Nr. 6: *Ich darf erwarten, daß jemand, der den Aufzeichnungen des Sektionsrates G-ff gefolgt ist, dieses Haus kennt. Es enthielt die Siebenscheinsche Wohnung. Es enthielt jedoch zugleich die Endstation sozusagen von Schlaggenbergs Manie mit den ‹Dicken Damen›: und auf dieser Endstation hab' ich einmal für ein paar Wochen Wohnung genommen [...].* An seine Dicke-Damen-Wut möchte er sich aber nicht gern erinnern, denn da eröffnen sich *Perspektiven, um welche es mir hier wahrlich nicht zu tun ist.* Statt dessen sieht Doderer jetzt etwas anderes: eine lebensvolle Gestalt: *Die Hausfrau, eine sehr schöne Frau von etwa fünfundvierzig (!), nur etwas zu stark (!), hatte bei einem Unfall im Herbst 1925 das rechte Bein verloren; sie ist von einem Straßenbahnzuge nicht weit von ihrer Wohnung überfahren worden [...]. Sie hieß Mary K. Sie war wirklich sehr schön und obendrein gescheit und gut.*[220]

Mit dem Komplex E. P./Alsergrund/Mary K. sind im Mai 1942 die Fundamente für Neues gelegt. Aber das ist Doderer nicht bewußt, er sucht nach einer Verbindung zu den *Dämonen* und findet sie nur in den Aporien der eigenen Person. So bleibt das *Carnet rouge* nach dem 17. Mai 1942 erst einmal liegen. Doderer setzt den *Epilog des Sektionsrats Geyrenhoff* fort und eröffnet *Auf den Wällen von Kursk* ein neues Tagebuch, in dem es vor allem um René Stangeler geht. Einen *der beeinflußbarsten Menschen, die ich je gekannt habe*, und einen *perfekten Feigling* nennt Doderer ihn. Aber was genau diesen *Kindskopf* an die Seite der *Unmenschen* gebracht hatte, vermochte er noch nicht zu ergründen.[221] Dazu war die umgebende *zweite Wirklichkeit* noch zu tief. Nur eines wußte er jetzt: Er hatte die ganze Zeit von 1920 bis 1938 auf schwankendem Boden gestanden, im Zustand der *Deperzeptivität*. Auch in seinen besten Stunden *bewohnte er ein Haus, das nicht nur auf Sand gebaut stand, sondern auf rollenden Kugeln [...].* Er war Angehöriger *einer durch Hoffart depravierten Intelligenz, der in ihrer Herabgekommenheit bald eine zweite Sprache zwischen die Zähne geschoben ward wie ein Knebel*[222]. Erst im Sommer 1944, in Wien, vielleicht im Zusammenhang mit den Ereignissen nach dem 20. Juli, ringt Doderer sich dazu durch, die *Dämonen* beiseite zu legen und neu zu beginnen: *Letzten Endes: was bindet mich an jene sie-*

benhundert Seiten [...] (oder, meinetwegen, sind es schon tausend)?[223] Doderer will endlich wieder erzählen, und am 8. Oktober 1944 schreibt er im
Carnet rouge den ersten, entscheidenden Satz: *Als Mary K. s Gatte noch
lebte, Oskar hieß er, und sie selbst noch auf zwei sehr schönen Beinen ging
[...].*[224]

Zu diesem Zeitpunkt ist vieles noch offen, der Zielpunkt des Romans
(der 21. September 1925), vielleicht noch gar nicht als Datum fixiert. Der
Selbstmord der Schwester Helga (Etelka) befindet sich noch außerhalb
des Projekts. Aber mit dem aliozentrischen Einsatz, mit der Befreiung
von der Autobiographie, war eine starke erzählerische Dynamik geschaffen. Zu Mary K. tritt Anfang 1945 Leutnant Melzer, und dank dieser beiden späteren Hauptfiguren bewegt sich Doderer über relativ un-
vermintes Gelände. Rasch entstehen zwanzig Kapitel. Alles, was er 1942
über die biographisch heikle Beziehung zwischen René Stangeler, Grete
Siebenschein und dem kleinen E. P. formuliert hatte, blieb aber zunächst
beiseite, weil Doderer wohl Sorge hatte, er könnte *den Boden des Allzu-
persönlichen streifen*[225]. Es wurde erst 1948, bei der Textrevision, eingefügt.[226]

Auch die Kriegsereignisse konnten das Projekt nicht mehr aufhalten.
Doderer schreibt in Wien und Eger, Waldsassen, Hannover und Karls-
bad, in Aalborg, Oslo und Eggemoen und Larvik. Es entsteht ein *Manuskript ohne Titel*[227], ohne Thema und ohne Tendenz: freier, spontaner,
erzählerischer und lebensgemäßer als alles, was Doderer bisher geschrieben hat. Eine ernstliche Unterbrechung tritt erst auf, als er im November
1945 aus Norwegen abtransportiert wird und seine kostbaren Manuskripte bei Freunden zurücklassen muß.

Daß einige der Menschen, über die er da schrieb, inzwischen schon tot
waren, hat Doderer zumindest geahnt. *Wir sind kaum ein Jahr später für
immer auseinandergekommen*, schreibt er am 13. Mai 1942 über den *kleinen E. P. Ob er noch lebt, weiß ich nicht (es gibt immerhin Gründe, das
Gegenteil anzunehmen) [...].* Und einige Jahre später setzt er hinzu: *Er
wurde nicht lange nach der Niederschrift dieser Zeilen in Auschwitz ermordet, wie ich heute weiß.*[228]

Der Leser des Romans, an dem Doderer arbeitet, erfährt davon nichts,
und der Grund dafür ist offensichtlich: Doderer spürte, daß sich sein in-
dividueller, auf die subtilen Zusammenhänge des Lebens gerichteter
Schicksalsbegriff nicht vereinbaren ließ mit dem Holocaust, den Depor-
tationen, den Millionen Toten des Zweiten Weltkriegs. Hatte er sich 1936
noch *als den eigentlichen kontemporären Geschichts-Schreiber seiner Zeit*
zu empfehlen versucht (s. oben S. 53), so sieht er es 1944 als seine Aufgabe an zu dokumentieren, *daß es trotz der Geschichte in seinem Zeitalter
auch Leben und Anschaulichkeit gegeben hat*[229]. Und um sich seinen
Glauben an die *magische Biographie* des einzelnen bewahren zu können,

wendet er den Blick ab, wo das organisierte Morden, das kollektive Sterben beginnt: *der organisierte Schrecken wird [...] nicht apperzipiert, [...] weil er nicht personsbezogen ist.*[230]

Es ist nicht ersichtlich, wann Doderer erfahren hat, daß der *kleine E. P.* vergast und sein ehemaliger Freund Karl von Motesiczky in Auschwitz hingerichtet worden war.[231] Es ist nicht sicher, ob er gewußt hat, daß sein Schwiegervater Dr. Paul Hasterlik, der 1938 nicht emigriert war, sondern versteckt in Wien gelebt hatte, 1944 in Theresienstadt starb, nachdem er «wegen Verweigerung des Hitlergrußes, als 76jähriger von zwei SS-Offizieren aus der fahrenden Ringstraßenbahn geworfen und anschließend mit gebrochenen Hüften ins KZ abtransportiert» worden war.[232] Sicher ist nur, daß Doderer die Nazis, ihre Verbrechen und alle Kriegsgreuel systematisch aus seinem Bewußtsein, seinen Tagebüchern und seinen Werken verdrängt hat. Zur Ästhetik der Nicht-Einmischung tritt von 1945 an die der Verdrängung. *Der deutsche Staat zwischen 1933 und 1945 [...] hat nie existiert und ich wußt' es doch immer. Soll ich's jetzt gerade vergessen?* schreibt er am 4. Juni 1945. *Gingen wir nicht vielfach in einem Schweigen – einem existenzabsprechenden Schweigen – über Dinge hinweg, die uns fast den Brustkorb eindrückten?*[233]

Erst viele Jahre später hat er 1962/63 mit der Erzählung *Unter schwarzen Sternen* einen vorsichtigen, nicht wiederholten Versuch unternommen, *Krieg und Nazizeit zu berühren*[234].

Dieses fröhliche Wunder
(1946–1951)

Am Donnerstag, 31. Januar [1946], wurde ich zu Linz aus dem Gefange-
nenlager entlassen und habe für's erste hier bei meinem Onkel, [...] in sei-
nem schönen Jagdhause zu Weißenbach am Attersee Zuflucht gefunden.
(Ich hatte mich in Wesermünde noch rechtzeitig in die von den Amerika-
nern besetzte Zone Österreichs umschreiben lassen, was sich immer mehr
als das Richtige erwies.) Die Nacht vom 31. Januar auf den 1. Februar
schlief ich zu Kammer beim Hofwirt erstmalig wieder seit dem 16. Novem-
ber in einem richtigen Bett, und in einem sehr guten sogar, für zehn Stun-
den kilometertief in den Schlaf versinkend. Und Freitag vormittags,
während der zweistündigen Fahrt mit dem Dampfer von Kammer hierher,
sah ich zum ersten Mal die herrliche Landschaft dieses Teiles von Öster-
reich, der mir bis jetzt, wie durch eine merkwürdige Fügung, unbekannt
und fremd geblieben war. [...] Auf der Landungsbrücke ist mir mein On-
kel entgegengekommen, gealtert (wie einst mein Vater, 1920, als ich ihn am
Riegelhof wiedergesehen habe nach der Rückkehr aus Sibirien) – gealtert,
aber immer noch schön [...]. Hier bin ich wie ein Sohn aufgenommen wor-
den.[235] Doderers dritte Heimkehr nach Österreich hatte begonnen, und
seine mit fast fünfzig Jahren immer noch unstillbare Sehnsucht nach vä-
terlicher Liebe suchte sich neue Ziele.

Den überlebenden Politikern der Ersten Republik war es zwar gelungen, die Alliierten davon zu überzeugen, daß Österreich «das erste Opfer Hitlers» gewesen war[236], aber das Land war doch besetzt und in vier
Zonen aufgeteilt worden. Der Personenverkehr und die Post wurden
scharf kontrolliert, die Verbindungen nach Deutschland ganz unterbro-
chen. Die Zerstörungen waren nicht so groß wie in Köln, Berlin oder
Hamburg, aber Kälte und Hunger waren nicht viel geringer.

Auch Doderer lebte recht kärglich bei seinem Onkel. *Was mich quält,*
ist der Umstand, daß ich keine Erwerbsarbeit ohne weiteres suchen kann:
ich hab' nur ein Paar Halbschuhe, was fang ich mit denen im Freien an, bei
Schnee und Nässe, wie sie jetzt herrschen. Er versuchte sich *mit dem Be-*
malen von Domino-Steinen mit allerlei österreichischen Emblemen und
Motiven durchzuschlagen: *für die Amerikaner.*[237] Seiner Schwester Astri
schreibt er: *Zur Zeit zerkleinere ich 15 Kubikmeter Holz, was fürchter-*

1946–1948. Kaffee und Zigaretten.
Die Jahre des Hungers, die Jahre der «Strudlhofstiege».

lichen Appetit erzeugt [...]. Meine Gewichtsabnahme ist sturzartig [...].[238]
Von der Kontaktsperre zwischen Deutschland und Österreich war Doderer auf doppelte Weise betroffen: Zum einen hatte er seit April 1945 Maria Thoma nicht mehr gesehen und auch keine Nachricht von ihr, zum anderen konnte ihm sein deutscher Verleger nicht helfen, der überdies noch ohne Lizenz war.

Auch die Hilfe der Wiener Freunde kommt nicht recht in Gang. Zwar kann ihm Gütersloh mitteilen, daß «die Buchfeldgasse» noch steht[239], aber auf eine Publikation seiner Bücher will er Doderer keine Hoffnungen machen und von einer Rückkehr nach Wien rät er ausdrücklich ab. «Richten Sie, was immer Sie tun, auf das Ziel des Auswanderns hin», schreibt er.[240] Das war keineswegs abwegig. Doderers Freund Hans Eggenberger lebte seit langem in Argentinien, Gütersloh hatte in Frankreich gelebt, Doderer war 1936 nach Deutschland gegangen, und auch jetzt hielt er es noch für möglich, daß er *sehr plötzlich* in München um Arbeit nachsuchen könnte.[241] Daneben hatte es immer auch weniger praktische Fluchtphantasien gegeben. Insbesondere nach Gusti Hasterliks Emigration muß sich Doderer oft vorgestellt haben, wie es denn gewesen wäre, wenn er mit ihr ins Exil gegangen wäre und seinen Einreiseantrag in die Vereinigten Staaten nicht erst 1940 gestellt hätte, als er praktisch aussichtslos war. Statt dessen darf dann René Stangeler in den *Dämonen* mit Grete nach Amerika gehen (ein Plan, der schon seit 1942 feststeht)[242], und für Zdenko, den Helden von Doderers letztem Roman, gibt es als Fluchtpunkt die Insel Tristan da Cunha.

Im Februar 1946 aber will Doderer alles andere als auswandern. Er denkt an sein Werk, er denkt an die *Strudlhofstiege*: *Ich schreibe dieses Buch – ursprünglich ein Journal aus Mont de Marsan und Biarritz! – nunmehr einfach als Roman weiter*, heißt es am 14. Februar[243], und am 24. März: *Wir haben – so erlebe ich es subjektiv zumindest! – durch die Wiederherstellung der österreichischen Eigenstaatlichkeit, da mag sie jetzt praktisch aussehen, wie immer sie aussehen mag – wir haben durch diese auf der Ebene des Politischen vollzogene Tatsache doch und trotz allem wieder Kontinuität und Kontur gewonnen und mit einem Schlage einen Schatz von Convenus neuerlich geerbt. Ein österreichischer Schriftsteller hat Boden, darauf er stehen kann, einen für die ganze Welt notablen und rühmlichen Boden [...].*[244] Und dann, nicht ohne kokettes Erschrecken: *Ich seh' schon, ich vermag die Position vom Politischen als einer unschöpferischen und belanglosen Kategorie schwerlich ganz zu halten...* In der Tat: Unpolitisch ist Doderer gar nicht. Aber seine Entscheidung für Österreich, die Annäherung an die Demokratie, das Bekenntnis zum Abendland, der existentialistische Glaube an den Einzelmenschen, an den Reichtum und die Fülle des Lebens standen so in Einklang mit den allgemeinen Tendenzen der Nachkriegszeit und schienen so «selbstverständlich» zu sein, daß ihr politischer Charakter gar nicht erkannt wurde.

Du bist so lieb, nach meiner Arbeit zu fragen, schreibt er am 30. April 1946 an Astri, *und ich muss Dir eine – angesichts der reduzierten Verhält-nisse, unter welchen ich lebe – erstaunliche Antwort geben: sie rührt sich gewaltig unter mir, diese Arbeit, wie ein übermässig starkes und schweres Pferd, das ich kaum zu regieren vermag.* Bei alledem zweifelt Doderer keinen Augenblick, daß sein Werk, daß die *Strudlhofstiege* gebraucht wird. Er glaubt an die begriffs- und gesellschaftsbildende Kraft seiner Prosa, gerade *in einer Zeit ohne ein Begriffs-System […], in einer Zeit ohne Convenus und Gesellschaft.* Den (vermeintlichen) Zusammenbruch aller *Nomenclaturen* begreift er als Chance einer Prosa, die *nicht mit fer-tig übernommenen Begriffen operieren* will, sondern dadurch *Wirklich-keit* (also Übereinstimmung von Innen- und Außenwelt) schafft, daß sie *Lyrik konstituierend enthält.* Denn: *Um geprüfte, blanke Lebens-Namen zu gewinnen, muß auch [der Prosaerzähler] sich auf die Erlebnisse, die ih-nen zu Grunde liegen, ganz zurückgezogen haben […].*[245] Am 19. Mai kehrte Doderer nach Wien in die Buchfeldgasse zurück.

Wegen seiner NSDAP-Mitgliedschaft hatte sich Doderer seit 1938 kaum noch Gedanken gemacht. Er hatte sich schuldig gemacht, aber doch nur wegen des *Doppel-Lebens,* das er *der brutalen Gewalt in mich einzu-bauen erlaubt* hatte. Er hatte sich schuldig gemacht, weil er lieber *den or-ganisierten Schrecken* akzeptiert hatte, als (etwa beim 20. Juli 1944) eine *persönliche Exposition* zu riskieren. *Man kann durch Dulden schuldig werden,* das hatte er sich bei Kriegsende selbst eingestanden: *So, letzten Endes, hat der totale Staat den Menschen eingesackt.*[246] Daß er zwölf Jahre zuvor einmal selbst einen Beitrag geleistet hatte zur Entstehung dieses Systems, hatte er 1945 fast verdrängt. In solchem Maße fühlte er sich als Antipode der Naziherrschaft, daß er schon Sorge hatte, seine Befriedi-gung über das *Zerspringen der «Tonne»*[247] könnte zur Selbstgerechtigkeit führen.[248]

Um so betroffener muß er gewesen sein, als ihm bewußt wurde, daß der von ihm mit großer Hoffnung betrachtete neue Staat vorerst nicht bereit war, die Vergangenheit ruhen zu lassen. Österreich war zwar von den Alliierten wiederhergestellt worden, und am 25. November 1945 hat-ten sich bei den ersten freien Wahlen 94 Prozent der Wahlberechtigten für ÖVP und SPÖ entschieden, aber natürlich wußte man, daß nicht alle Österreicher schuldlos an den Verbrechen der Nazis gewesen sein konn-ten. Hatten Hitler nicht auch in Wien Hunderttausende zugejubelt? Das Thema mußte vom Tisch – schon um der sowjetischen Besatzungsmacht keinen Anlaß zu Angriffen gegen die neue Regierung zu geben, und so wurde im Frühsommer 1946 ein Gesetz zur «Regelung des Nazi-Pro-blems» vorgelegt und beschlossen. Alle 550000 ehemaligen NSDAP-Mitglieder wurden (unbeschadet weiterer Strafmaßnahmen wegen kon-kreter Verfehlungen) zu strengen «Sühnemaßnahmen» verurteilt. Unter anderem wurde auch «minderbelasteten Personen» jede Tätigkeit als Redakteur oder Schriftsteller für drei Jahre verboten.

Das Berufsverbot traf Doderer wie ein Faustschlag. Damit hatte er jetzt, neun Jahre nach seiner inneren Trennung von den Nazis, nicht mehr gerechnet. Zu der Erkenntnis, *daß ich unter's Rad geraten bin*, mußte er sich geradezu zwingen, dann allerdings erfaßte ihn eine tiefe Depression. Vom 11. April bis zum 2. Juli vermochte er nicht mehr an der *Strudlhofstiege* zu arbeiten. Von einem Tag zum anderen war er wieder ein *perfekter Outsider*[249].

Die Krise schlägt sich im Tagebuch in langen Selbstprüfungen nieder. *Was ich mit meinem «konstruktiven Denken» eines neuen Römischen Reiches im Jahre 1933 betrat, war [...] nicht einmal das Haus der Politik; sondern eines der vielen öffentlichen Häuser falscher Sprachlichkeit. Ich war wirklich «zu bösen Häusern» gekommen*, schreibt Doderer, unterscheidet aber ganz selbstverständlich zwischen dem schwachen, verblendeten, ebenso rücksichtslosen wie arroganten, von sexuellen Zwangsvorstellungen, Ehrgeiz, Existenzangst und Opportunismus getriebenen und von der Gesellschaft deklassierten Bourgeois, der aus Enttäuschung über den Literaturbetrieb und seine gescheiterte Ehe 1933 bei der NSDAP sein Heil gesucht hatte, und dem außenstehenden, unbestechlichen, wahrheitssuchenden, nur der Sprache verpflichteten Schriftsteller, der er gern sein wollte. Daß er die Sprache des «Dritten Reichs» nie akzeptiert hatte, wurde ihm zum Beweis für die Bewahrung seiner Integrität: *Der Schriftsteller in mir blieb intakt. Er konnte eine falsche, zweite Sprachlichkeit nicht hervorbringen. Die siebenhundert ersten Textseiten der «Dämonen», welche ich damals verfaßte, bestehen heute noch die Prüfung durch ihren Autor: vielfach als verfehlt oder technisch oder psychologisch oder sonstwie unzureichend erkannt, immer jedoch agnostiziert als – geschrieben. Dieses Schreiben war anscheinend das einzige in mir, das sich unter die Planungen, Zielsetzungen und Zwecke der einbrechenden Irrealität nicht beugen ließ und es hat mich in München 1936 auffallend rasch getrennt von Menschenkreisen, die von ihr durchsetzt waren [...].*[250]

Trotzig strebt Doderer nach immer präziseren Definitionen seiner Erzählweise. Mit den von Reflexion geprägten Romanen von Robert Musil und Thomas Mann hatte er schon in den zwanziger Jahren nichts zu tun haben wollen; jetzt nimmt er auch von Gütersloh Abschied, der (weil er 1938 aus dem Amt gedrängt worden war) als Nazi-Opfer eingestuft und bereits wieder zum Akademie-Professor ernannt worden war: *Die Theorie vom totalen Roman war für meinen Horizont sehr erweiternd; aber sie blieb als fruchtbare Anwendung verknüpft mit einer Zeit, während welcher ich umgetrieben leben mußte, gleichsam irgendwo auf einem Mauervorsprung im gerade gegebenen Windschatten mit meinen Notizen und Journalen nistend und jederzeit bereit und gewärtig, wieder abbrechen zu müssen.*[251] In einem Brief vom 2. Juni 1946 bekennt sich Doderer entschlossen zur *Kategorie des rein Empirischen* als der Kategorie des Romans, auch wenn dies *ein sacrificium intellectus* bedeute. *Der Romanschriftsteller muss in der Tat sich so verhalten als sei er Atheist, ohne transcendentalen Mittelpunkt («geronnene Transcendenz» nennt es Lukács). Aber ich gebe zu bedenken, dass die Kategorie des Empirischen als solche durchaus eine transcendentale Kategorie ist, welcher ein Maximum von Discretio eigen: weil das Transcendente hier nur als feinste Emulsion vorhanden sein kann und nirgends als geradezu feststellbar. [...] Dem Erzähler ist nichts heilig weil alles.*[252] Im Tagebuch beschreibt er seine erzählerische Methode ganz praktisch: *Nicht Sinn-Geben will ich meinem Buche. Sondern die Anatomie jedes seiner Augenblicke und [deren] Verknüpfungen untersuchen. [...] Die genauen Anatomien vieler verschiedener Augenblicke aus dem Leben vieler verschiedener Menschen: das sind die Moleküle des Romans.*[253] Der entscheidende Schritt zur Wiedereroberung der Außenwelt für die erzählende Prosa war damit getan. Sein Tagebuch führt Doderer während der Entstehungszeit der *Strudlhofstiege* als *Liber epigrammaticus* weiter und vermeidet auf diese Weise, daß sich abstrakte Reflexionen, die Arbeit an den theoretischen Begriffen oder irgendeine andere Form des *zerlegungsweisen Denkens* in das Erzählkunstwerk einschleichen, das ganz von der *gestaltweisen* Darstellungsweise bestimmt werden soll. Ist er doch inzwischen soweit Thomist, daß er den Sinn nicht in Reflexionen, sondern in der richtigen Wahrnehmung der Dinge selbst sucht.

Dazu gehört auch, daß Doderer in der *Strudlhofstiege* nicht «monographisch» erzählt. Es gibt keine Hauptperson wie in der *Bresche*, im *Umweg*, im *Mord* oder in den *Erleuchteten Fenstern*. Zwar kann Doderer seine besondere Anteilnahme an René von Stangeler nicht verbergen, aber Melzer und Mary K., auch *der kleine E. P.*, der Rittmeister Eulenfeld, Thea Rokitzer, die Zwillinge Pastré und Paula Schachl bilden jeweils eigene Zentren. Dieses «poly-zentrische Erzählen»[254], das im *Geheimnis des Reichs* und im ersten Teil der *Dämonen* schon angelegt war, wird Doderer hier als Methode zum erstenmal ganz bewußt: *«Ein Mord...»* ist nicht so sehr novellistisch als biographisch [...]. Denn hier ist eine Hauptperson, aus welcher alles entwickelt und die Umwelt begriffen wird. Eine Castiletzsche Welt, eine bestimmte Welthöhle tritt in Erscheinung. Ein wirklicher Roman aber könne erst durch den wuchtigen Schritt in den Kontrapunkt hinaus entstehen, wenn mehrere verschiedende Welthöhlen, die von ihren Bewohnern freilich auch sehr verschieden ausgestattet sind, miteinander in Beziehung treten...*[255]

Um wieder Anschluß an die *Strudlhofstiege* zu finden, greift Doderer am 29. Juni 1946 zu einem schon beim *Mord* bewährten Mittel: Er zeichnet eine farbige Kompositionsskizze. Die Vermutung, daß die Benutzung des Reißbretts zu Doderers väterlichem Erbe gehörte, liegt nahe. In der Praxis erinnern die Skizzen aber weniger an Baupläne als vielmehr an

Seite 737 der «Strudlhofstiege» im Manuskript. Originalgröße 140 x 220 mm

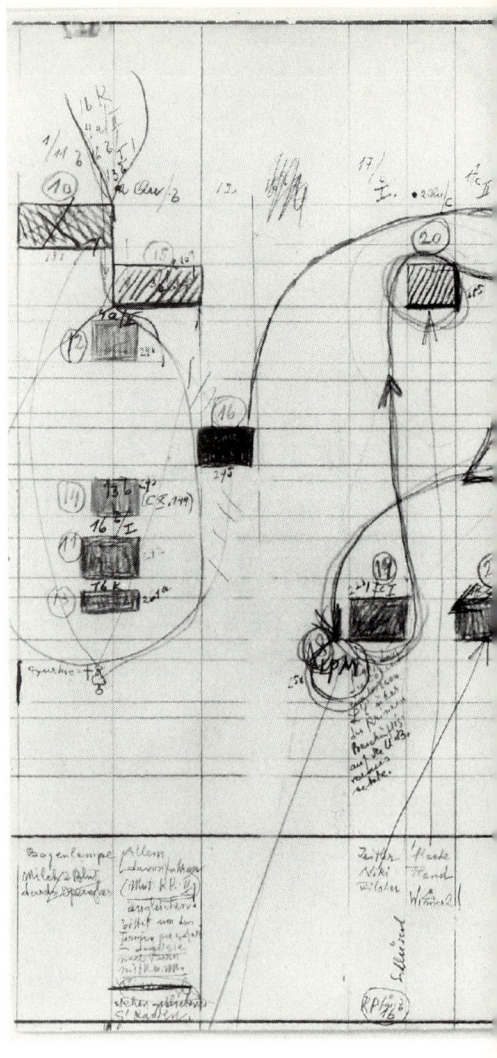

Kompositionszeichnung
zum 11. Kapitel der
«Dämonen»: Das Feuer

die Notenblätter eines Komponisten: Von links nach rechts laufen der durch regelmäßige senkrechte Abschnitte unterteilte Strahl der Erzählzeit und (davon unabhängig) die steigende und fallende Kontur der Erzählmelodie mit ihren Spannungsbögen, *Reifepunkten* etc. Meist mit Buchstaben und Zahlen werden die Personen- und Handlungsmotive be-

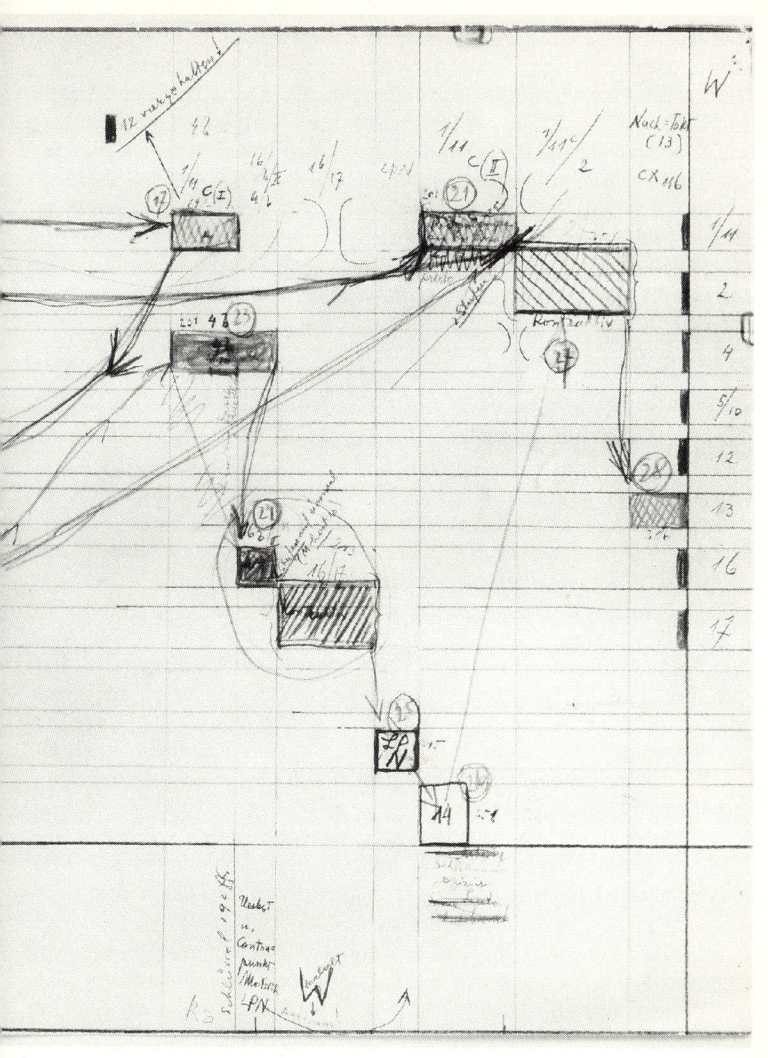

zeichnet, und diese Chiffren tauchen auch im Tagebuch wieder auf. Der musikalische Charakter des Erzählens wird besonders durch die Kommentare zur erzählerischen *Dynamik* betont, die sich regelmäßig musikalischer Begriffe wie *tenuto, leggiero, sostenuto, ostinato, steigend* usw. bedienen. Auch bei den größeren Strukturen schätzt Doderer musikali-

93

sche Begriffe wie *Ouvertüre*, *Vortakt*, *Einsatz*, *Nachtakt*, *Kadenz*, benutzt aber auch geometrische Figuren wie Sterne, Kreise und Pfeile und architektonische Fachbegriffe wie *Medaillon* oder *Rampe*. Aus diesen Skizzen und Doderers dazugehöriger Privatsprache ein verbindliches System destillieren zu wollen ist freilich müßig. Die bis zu 100 x 70 cm großen Skizzen waren angesichts der riesigen (bei den *Dämonen* schließlich 1345 Seiten umfassenden) Textmassen sicher nötig, wenn er nicht wirklich beim «totalen Roman» landen wollte, der alles in sich aufnahm, was dem Erzähler gerade über den Weg lief. Sie zeigen, wie Doderer das Material zur Handlung organisiert hat, und sind natürlich auch hilfreich für den, der einen der Romane zu analysieren versucht. Bestandteil des Werks sind sie nicht. Im Gegenteil: *Im großen und ganzen muß jede Komposition als prä-grammatische [vor-sprachliche] Fixierung angesehen werden, die in der grammatischen [sprachlichen] Improvisation des täglichen Textes sich jedesmal auflöst und das so lange, bis das Werk fertig und von ihr nichts mehr übrig ist.*[256] Auffallend ist, daß sich die Bedeutung der Komposition für Doderers Erzählen im selben Maße steigert, wie der psychologische Zwang sich verringert, von sich selbst zu erzählen.

Am 3. Juli 1946 war die Krise überwunden, und Doderer konnte mit dem II. Teil der *Strudlhofstiege* beginnen. *Hab' nicht geglaubt, den Roman so bald wieder in Fluß zu bringen,* notiert er neun Tage später. Am 1. August schloß er, um seine Schulden bezahlen zu können, mit dem Wiener Luckmann-Verlag einen Vertrag über die *Strudlhofstiege*, der ihm eine monatliche Rente verschaffte. Dieser Schritt linderte seine Not aber kaum. Denn da ihm der Schriftstellerverband, diese *Fusion des Schwimmvereins der Gamsböcke mit der alpinen Vereinigung der Fische*[257], die Mitgliedschaft verweigerte, erhielt er nur das Minimum an Lebensmittelkarten.

Am 16. März 1947, zu Beginn des III. Teils der *Strudlhofstiege*, stößt Doderer auf einen sehr empfindlichen autobiographischen Punkt: die Krisen in seiner Beziehung zu Gusti. *Plötzlich, bei laufendem Text, stoß' ich auf einen locus intactus, der Bohrer stürmt vor, dreht sich wie rasend im Leeren: eine Cavität. […] Hier hat schon jemand einzudringen versucht, mehrmals sogar, aber zu früh und von einer nicht glücklich gewählten Seite her. Wohlan denn: ein Musterfall gestaltweiser Spekulation, betreffend alles, was mit Neapel, Budapest und dem Sommer 1926 (hier: 25) zusammenhängt, und mit Paris und Deauville […].* Über zwanzig Jahre ist das her, aber noch immer eine Wunde, *offenes Eingeweide, zuckendes Fleisch.*[258] Bis jetzt hat er das Thema Stangeler/Grete Siebenschein nur am Rande gestreift. Die Abschnitte I, 4–6 (S. 24–46), die sich bei den zunächst in Norwegen verbliebenen Manuskripten befanden, sind erst im Januar 1948 eingefügt worden, zusammen mit der Tagebuchnotiz aus dem Jahr 1921 (s. oben S. 25), in der Doderer das Abenteuer Gustis mit dem norwegischen Leutnant Bergh fixiert hatte.[259]

Die *Strudlhofstiege* soll heilen. Der Blick in die *Tiefe der Jahre* soll dazu beitragen, daß sich eine Welt und Wirklichkeit wiederherstellt, wie sie *vor alledem* war. *So hat sich in diesem Sommer und Herbst [1946], die voll Pein waren, voll tiefer Erregungen, aber auch glücklicher Art – durch das beginnende Wachstum der «Strudlhofstiege» – der Kreis des Lebens wieder um mich geschlossen [...].*[260] *Es fehlt fast keiner mehr. Bis auf die Toten. [...] Mit Nordamerika und Südamerika hab' ich Verbindung. Sogar in gewissem Sinne mit Gusti, durch ihre Freundin Maria-Louise W[ydler]. Ich hab' sogar einen Brief Gusti's an jene gelesen, worin sie sich beiläufig erkundigt, ob's mich in diesem Kriege glücklich «erwischt» hätte?! [...] Sie ist längst amerikanische Bürgerin und will nie mehr hierher. Ich kann's verstehen.*[261] Letzteres war natürlich gelogen. Was Gusti anging, hatte Doderer immer noch wenig begriffen. Aber zumindest begann er zu ahnen, daß es wichtig sein könnte, auf dem Wege der *gestaltweisen Spekulation* endlich einmal i h r e Sicht der Dinge zu rekonstruieren. *Von dem muß ich ausgehen, was in wenigen Sekunden auf der Terrasse eines Hotels oder Cafés zu Neapel [...] geschehen ist, als P[aul?] E[lbogen?] [...] ihr das Cape holte und umlegte.* Das Ergebnis ist nachzulesen in II, 15 und III, 2 (S. 349 f. und 395–408). *Bewegen wir uns hier [...] auf dem Gebiete des Absurden...? Aber eine Art von Donnerstimme erwidert: nein! sondern auf dem zuständigen Gebiete, dem der Beziehungen zwischen Mann und Frau, wie sie wirklich sind!*[262]

Am 29. September 1947 war endlich auch das aus Norwegen an Ernst Alker geschickte *Carnet rouge* eingetroffen und eingearbeitet worden. Am 9. Juni 1948, um 10 Uhr 45, schrieb Doderer den letzten Satz im *Blauen Codex Luckmann* nieder[263], am 10. Juli kopierte er aus den *Commentarii* das letzte Kapitel ins Manuskript. *Das Werk verläßt mich. Die letzte Kontrolle und Verbesserung von Realien, die letzten Feilenstriche.* (Zu denen unter anderem das genaue Studium der Wetterberichte von 1925 in der Wiener Stadtbibliothek zählte.) *Welches Schicksal dieses Buch haben wird, bleibt ungewiß: ein eigenes, jedenfalls, nicht meines.*[264]

Die Strudlhofstiege oder Melzer und die Tiefe der Jahre ist, wie bei Doderer nicht anders zu erwarten, ein Roman in vier Teilen. Er umfaßt neunhundert Seiten, nebst einem Gedicht auf die Strudlhofstiege und einer Widmung für ihren Erbauer, Johannes Th. Jaeger. Der erste Teil (I) umfaßt 156 Seiten in dreißig Abschnitten, der zweite (II) 191 Seiten in 16 Abschnitten, der dritte (III) 203 Seiten in 33 Abschnitten, der letzte (IV) 350 Seiten in 50 Abschnitten.

Der exponierende I. Teil spielt 1923 in Wien. Ausgangspunkt ist Mary K.s versäumtes Rendezvous mit dem rumänischen Kinderarzt Dr. Negria (I, 1–3, 7–9), dann folgt die Geschichte des Leutnants und späteren Majors Melzer, der Mary im Jahre 1910 in Ischl keinen Heiratsantrag gemacht hat, sondern statt dessen zur Bärenjagd mit Major Laska nach

Die Generaldirektion der österreichischen Tabakregie
in der Porzellangasse

Bosnien gereist ist, und jetzt, 1923, als Amtsrat in der Österreichischen
Tabakregie in der Porzellangasse Dienst tut (I, 10–18). Den Abschluß
bildet die Geschichte der Etelka Stangeler, die am 12. Mai 1911 ihrem
späteren Ehemann Pista Grauermann einen Liebesbrief in die Konsular-
akademie in der Boltzmanngasse schickt, 1923 aber schon lange in einer
außerehelichen Affäre mit dem in Belgrad amtierenden Konsul Fraun-

Eingangshalle der Porzellangasse 44–46. Die «große, feierlich oben unter der gewölbten Decke schwebende schmiede-eiserne Riesenlaterne» hängt Doderer in der «Strudlhofstiege» freilich nicht in den «Miserowsky'schen Zwillingen», sondern im Hause Althanplatz 6 auf.

holzer befangen ist (I, 19–30). Eingesprengt in diese drei Erzählstränge sind zwei Episoden aus dem Leben des René Stangeler: Zum einen wird berichtet, daß er 1923 der Geliebte von Marys Freundin Grete Sieben-schein ist, die er 1921, nach ihrer Rückkehr aus Norwegen, seinem Ka-meraden E. P. ausgespannt hat (I, 4–5), zum anderen wird von seiner Be-gegnung mit Paula Schachl im Jahre 1911 erzählt (I, 21).

Der «Riegelhof» in Prein an der Rax

Der II. Teil spielt im Sommer 1911 in der Villa der Stangelers in Prein an der Rax (II, 1–8), wo Melzer und Asta Stangeler nicht zueinander finden, während René die etwas ältere Editha Pastré, die spätere Editha Schlinger, entjungfert, und in Wien (II, 9–13), wo es nach einer *Garden-Party* in Döbling auf der Strudlhofstiege zu einem Skandal kommt. Dann (II, 14–16) springt die Erzählung zum 22. August 1925, und von nun an, von Seite 295 bis zum Schluß des Romans, wird nur noch aus dem Sommer und Herbst 1925 erzählt. Der Leser erfährt, daß sich Melzer für die inzwischen wieder geschiedene Editha interessiert, die er jetzt in der Umgebung des Rittmeisters Eulenfeld neu kennengelernt hat, wo auch René Stangeler verkehrt. Bei einem Gespräch zwischen Melzer und E. P. (II, 15) wird die Geschichte mit Grete erörtert (und Stangeler erneut von aller Schuld freigesprochen).

Der III. Teil beginnt exzentrisch: Es werden die verwandtschaftlichen Beziehungen zwischen dem pensionierten Amtsrat Zihal aus den *Erleuchteten Fenstern* und Thea Rokitzer, der kindlich-naiven Geliebten des Rittmeisters Eulenfeld dargelegt (III, 1). Dann folgt die oben (S. 32 ff.) angeführte Episode aus der Beziehung zwischen Grete Siebenschein und René (III, 2). In der Villa der Stangelers bereitet sich unterdessen ein weiterer Schritt auf dem Weg in die Katastrophe Etelkas vor: In Anwesenheit ihres Mannes betreibt sie eine Affäre mit dem jungen Karl von W. Und so, als wäre diese *töllwütige Art zu leben* noch nicht genug[265], läßt

ihre Schwester Asta es auch noch zu, daß aus Belgrad Robby Fraunholzer anreist (III, 3–17). Bei einem ländlichen Fest am 29. August 1925
kommt es dann zum Eklat (III, 28–30). Fraunholzer flüchtet zu seiner
Frau nach Gmunden, und Melzer kehrt nach Wien zurück, wo er zu seinem Unwillen eine Lampe in seinem Zimmer vorfindet, die der kleine
E. P. ihm geschenkt hat (III, 31–33). Eingesprengt sind zwei erotische In-
termezzi: Am 22. August 1925 geht René im Glauben, seine vierzehn
Jahre alte Beziehung zu Editha erneuert zu haben, statt dessen mit deren
vor Jahren nach Argentinien ausgewanderter, jetzt aber heimlich nach
Wien zurückgekehrter Zwillingsschwester Mimi ins Bett (III, 18–20),
während Melzer am nächsten Tag bei einem Bade-Ausflug nach Greifen-
stein an der Donau kein Glück bei ihr hat (III, 21). Für Stangeler (und für
den Leser) klärt sich das Verwechslungsspiel der beiden *Duplizitäts-
Gören*[266] am 28. August auf, als es auf dem Wiener Westbahnhof zu einer
weiteren *grande scène* kommt: René begegnet Paula Pichler, die ihre
Freundin Thea Rokitzer abholen will, und sieht dabei, wie die echte
Editha von ihrer Schwester Mimi begrüßt wird.[267] Anschließend kommt
es zur Wiedervereinigung mit Grete, aber untreu, wie Stangeler nun mal
ist, verabredet er sich erneut mit der vermeintlichen Editha (III, 24–26).

Astri/Asta auf dem «Riegelhof»

Im IV. Teil, der vom 29. August bis zum November 1925 durcherzählt ist und ausschließlich in Wien spielt, kulminieren die Katastrophen von Etelka und Mary, die dadurch miteinander verknüpft sind, daß Fraunholzers Ehefrau Lea zugleich die beste Freundin von Mary K. ist. Fast überwuchert wird dieses Drama aber von der Verwechslungskomödie um die Zwillinge Pastré, in der es um geschmuggelte Zigaretten geht. Diese Affäre wird durch die Intrigen der Zwillinge und die Gegen-Intrigen von Paula Pichler und Thea Rokitzer so aufgebläht, daß zeitweilig Melzers guter Ruf in Gefahr ist. Den Höhepunkt des IV. Teils bildet die mehrgleisige Darstellung des 21. September 1925, die neunzig Seiten umspannt (IV, 23–41). An diesem Tag erfahren Melzer (und der Leser) von René, daß sich Etelka in Budapest umgebracht hat. Melzer versäumt ein Rendezvous mit Editha und entgeht auf diese Weise der Haussuchung, die bei ihr stattfindet. Mary K., die unbedingt Lea vor einem Besuch bei Etelka warnen will (von deren Schicksal sie gar nichts weiß) erleidet auf dem Althanplatz einen Unfall und verliert dabei (wie im allerersten Satz des Romans angekündigt) ihr rechtes Bein.

Der allesbeherrschende Eindruck, den der Roman hinterläßt, ist von fast statischer Ruhe. Bei allem Intrigenspiel der Figuren bleibt deren Lebenshintergrund über zwei Jahrzehnte hin unverändert, und sie scheinen (mit Ausnahme des Vaters Stangeler) auch nicht zu altern. Symbol dieser Unveränderlichkeit ist die Strudlhofstiege im IX. Wiener Bezirk. Im Roman verbindet sie nicht nur zwei Stadtteile, sondern auch die Monarchie mit der österreichischen Republik, und überwindet zugleich das soziale Gefälle zwischen dem adeligen Großbürgertum und den bescheideneren Bewohnern der tieferliegenden Stadtteile. Verstärkt wird der Eindruck von Kontinuität und wohlgeordneter Harmonie durch die Konzentration auf zwei Schauplätze (den Alsergrund und die Villa der Stangelers) und durch die Verschmelzung der beiden Haupt-Zeitebenen (1910/11 und 1923/25). Den ganzen Roman hindurch herrscht ein immerwährender Sommer, und die epochemachenden politischen Veränderungen (Erster Weltkrieg, Sturz der Monarchie) werden als «quantité négligeable» behandelt. Dieser kühne (und 1944–1948 besonders unzeitgemäße) Gedanke ist Programm: Indem er so ausführlich schildert, was *trotz Geschichte* geschieht, relativiert Doderer deren Bedeutung.

Die heiße Tiefe des Hochsommers ist für Doderer die Jahreszeit größter Präsenz: *Alles lastet schwer, alles übt einen Druck aus, einen Aus-Druck, das heißt, es soll uns was gesagt werden.*[268] Man hört die Sprache der Dinge und der kleinen unscheinbaren Momente im Leben, die bewußt wahrzunehmen ihre Bedeutung schon wieder aufheben würde: «*Wenn man sich über diesen Apparat beugt, hat man die Nadel schon irritiert*», sagt René in seinem großen Monolog bei Melzer[269], wo auch erklärt wird, warum die von E. P. so weit unten in Melzers Zimmer angebrachte Lampe das widrige Symbol einer Aufklärung ist, die mehr Schatten verbreitet als Licht.

Die Strudlhofstiege. «... dann das allerstillste Stück der Strudlhofgasse überhaupt, unten, wenn man grad auf die bemooste Vase zugeht und die Maske von Stein, welche einen dünnen Strahl Wassers entläßt. Das Rauschen des Brunnens am Absatz oben ist zu hören. Melzern erscheinen die leeren Stiegen, die von den Kandelabern beleuchteten Bühnen und Rampen, heute riesenhaft groß und geräumig. Da steht er nun wieder, und wieder wie anfragend: wie der fromme Pilger vor der fugenlosen Umfassungsmauer des Tempelbezirks von Delphi... Aber der genius loci, die Dryade, die Göttin, sie schwieg.»

Melzer (immerhin wird er im Titel genannt!) ist eine merkwürdig blasse Erscheinung. Ein Mann ohne Eigenschaften, wie bald festgestellt wurde. Er ist zwar (fast) überall dabei, greift aber bis zur letzten, entscheidenden Szene nie ein. *Wollte man den Major als Hauptperson oder Helden bezeichnen, dann käme mir das so vor, wie wenn man an einem Pa-*

101

kete den Spagat, womit es zusammengebunden ist, für das Wesentlichste hielte, hat Doderer denn auch festgestellt.[270] In der Tat: Melzer hat keinen Vornamen[271], kein Alter, kein Elternhaus, keinen Geburtsort und keine Kindheit, lediglich eine silberne Tabatière von seinem Vater (der dem Kaiser als Kavallerist gedient hatte), einen ehemals bierbrauenden, jetzt aber nur noch reichen und wohltätigen Onkel mit Vornamen David und natürlich seinen militärischen Rang. Und gerade wegen dieses Mangels an konkreten Eigenschaften ist er Zentralfigur des Romans und Symbol der von Doderer ersehnten, überzeitlichen Aussöhnung. *«[...] damaliger Melzer, Leutnant. Heutiger Melzer. Jetzt heilt beides zusammen. In mir»,* sagt René von Stangeler, und Melzer antwortet: *«Würde doch alles so heilen!»* Er ist der Musterfall eines *k. u. k. Offiziers,* er steht als Beamter zwischen Bourgeoisie und Kleinbürgertum, er ist mit seiner *Grundanständigkeit,* aber auch mit seiner *allgemeinen Unselbständigkeit,* vor allem aber mit seinem allmählich sich entwickelnden *Zivilverstand* Doderers Idealbild des Österreichers schlechthin.[272]

Die «Strudlhofstiege», schreibt Doderer nach Abschluß des Manuskripts[273], *ist kein Roman im romantischen Sinne. Ich sehe da keine erfundene Fabel sich vom «wirklichen» Leben, wie es ist, abheben.* Der Roman ist vielmehr ein Beispiel für das, was Doderer später die Wissenschaft vom Leben, die *Fatologie* nennt. Ereignisse wirken (nur für den Leser erkennbar) hinter dem Rücken der Figuren auf entscheidende, von ihnen nicht beeinflußbare Weise zusammen. Beschrieben wird das Phänomen, daß man gelegentlich *an einem Menschen vorbeischauend, die für diesen allerwichtigsten Dinge hinter ihm sehen* kann, schon auf Seite 286, wo Stangeler und sein künftiger Schwager Grauermann in einem Café an der Alserbachstraße sitzen, während draußen Etelka mit einem ihrer Verehrer vorbeifährt. Ihren Höhepunkt erreicht die Verknotung schicksalhafter Zusammenhänge dann am 21. September 1925 nachmittags: Melzer versäumt sowohl sein Rendezvous mit Edith als auch das mit Thea, weil er an der Strudlhofstiege René Stangeler begegnet, der ihm von Etelkas Selbstmord erzählt. So treffen er und Thea dann genau in der Minute auf dem Althanplatz zusammen, als Mary unter die Räder des Straßenbahnzuges gerät, leisten gemeinsam Erste Hilfe und finden – ins Blut der Verletzten getaucht – endlich zusammen. Schon dies ist schicksalhafte Fügung genug. Wie raffiniert die Fäden aber wirklich verstrickt sind, zeigt sich auf der viertletzten Seite, als (für Doderer eher untypischerweise) darüber nachgedacht wird, daß Mary K., wenn René und Melzer nicht miteinander gesprochen und dabei die Zeit versäumt hätten, rechtzeitig von Etelkas Selbstmord erfahren und gar nicht mehr hätte ausgehen müssen. Entscheidend für Doderer ist, daß solche Mechanik des äußeren Lebens ganz ohne menschliches Wollen geschieht, und am Ende empfiehlt er dem Leser *die Stille in der Schießbude, wenn nach dem Treffer das Geklingel und Gezappel von Figuren und das Rat-*

schen der ausgelösten Musik-Automaten aufgehört hat[274]. Nie suchen, was uns nur besuchen kann, nie nehmen, was nur hinzugegeben werden kann – das ist die «Moral» der *Strudlhofstiege*.

Die Entstehungsjahre des Romans hatte Doderer in Hunger und Elend verbracht. Im Januar 1947 hatte er *bei 20 Grad Kälte drei Tage mit einem kleinen Eimer Koks und einigen Holz-Stücken auslangen müssen*, aber ihren Höhepunkt erreichte die Not erst nach Abschluß des Werks. Am Leben erhalten hatten ihn Vorschüsse seines Wiener Verlags in Höhe von insgesamt 10000 Schilling[275], als diese aussetzten, faßte Doderer am 2. August 1948 den verzweifelten Entschluß, sich unabhängig vom Buchmarkt zu machen und sich unter Berufung auf seine Mitgliedschaft im Jahre 1923 erneut für die Kurse am Institut für österreichische Geschichtsforschung der Universität Wien anzumelden. Hintergrund war die Tatsache, daß Doderer, der so lange keinen Verlag gefunden hatte, jetzt gleich deren zwei hatte. Bei durchaus gutem Willen aller Beteiligten konnte man sich wegen der gezahlten Vorschüsse einerseits und der (auf die *Dämonen*) erteilten Optionen andererseits nicht sofort einigen, wobei die unterbrochenen Geschäftsbeziehungen zwischen Österreich und Deutschland noch zusätzlich hinderlich wirkten.

Im Frühjahr 1949 gelangte das Manuskript der *Strudlhofstiege* endlich in die Hände Horst Wiemers. Auch um etwaige Eingriffe gleich abzuwehren, schreibt Doderer ihm, daß es sich zwar nicht *um ein Buch lokalen Charakters handelt*, aber *streckenweise [...] führt es durch den Grundsumpf dieser Stadt hier: als Naturalist [...] bleib' ich dabei der Realität und ihrer Atmosphäre verpflichtet: [...] Man wird also auch nicht für einen Akt des Zentral-Tax- und Gebühren-Bemessungs-Amtes hochbarocker Provenienz «die Akte» sagen dürfen, oder «die Taxe» für ein Mietauto oder «Kuddelmuddel» statt «Pallawatsch» [...].*[276] Ganz unberechtigt war Doderers Sorge um seine österreichische Sprache wohl nicht, aber in seiner ersten Reaktion gelingt es Wiemer, alle «Zihalismen» zu unterdrücken. Er schreibt: «Nun bin ich mit Ihnen die *Strudlhofstiege* hinauf- und hinabgestiegen und habe entzückt und beglückt schließlich Melzers Hochzeit beigewohnt. [...] Wie haben Sie es nur vermocht, in dieser traurigen Zeit – dazu wahrscheinlich bei mancherlei Entbehrungen – dieses fröhliche Wunder zu vollbringen?»[277] Ein Wunder! Nicht mehr und nicht weniger ist sie tatsächlich, die *Strudlhofstiege*, ein Stück Leben, *telle qu'elle est.*

Als der Roman im Frühjahr 1951 erschien, war die Resonanz positiv, Doderer unternahm eine Lesereise und wurde gefeiert. Die Rezensenten suchten nach Formeln, landeten aber meist nur bei der «Welt von gestern». Die eigentliche Tiefen- und Langzeitwirkung des Romans, seine heilenden, aber auch zutiefst verstörenden Kräfte haben sich zuerst bei denen gezeigt, die Doderer, Wien und die in der *Strudlhofstiege* einge-

Hilde Spiel

fangene Aura selbst erlebt hatten. Ein besonders berührendes Beispiel
von Ergriffenheit wider Willen ist Doderers früherer jüdischer Freund
Paul Elbogen, der in Kalifornien lebte. Auf die Zusendung des Romans
reagierte er mit Abscheu und Zorn: «Einen Mann, [...] der sich ohne

Zwang […] auch nur für einen Tag auf die Seite der Unmenschen gestellt hatte, die am durchorganisierten Mord von 25 Millionen schuldig waren, konnte und könnte ich nicht wieder ins Herz aufnehmen.» Drei Wochen später aber schickte Elbogen einen zweiten Brief hinterher: «Lieber Heimo. Noch bevor Deine Antwort eintrifft […] antwortet Dir […] ein guter Leser Deines neuen Romans, der vierzehn Tage lang nachts nur einige Stunden schlafen konnte […], nicht etwa aus ‹Spannung›, sondern aus hundertfältiger Erregung […]. War ihm doch ‹der kleine E. P.› ans Herz gewachsen seit Kindheit […]. Aber mehr noch das Dorf an der Rax […].»[278] Der seit 1936 in der Londoner Emigration lebenden Hilde Spiel erging es nicht anders. Sie lese etwas, schrieb sie an Hermann Kesten[279], «was mir ganz nahegeht und mich überhaupt nicht zu Atem kommen läßt, obwohl es der langatmigste Roman ist, den ich seit Proust gelesen habe […] eigentlich nur Gesellschaftstratsch […]», und an Fritz Feldner: «Mich hat dieses Buch so erschüttert, so in allen Fasern ergriffen, so aufgerührt in meiner grenzenlosen, unermeßlichen Liebe zu Wien […], daß ich ihm wehrlos gegenüberstehe.»[280] Am 19. Februar 1952 wurde Doderer in den österreichischen PEN aufgenommen.

Die Mitte des eigenen Lebens
ausheben (1951 – 1956)

Ende Juni 1948 war Gütersloh aus der Buchfeldgasse ausgezogen. Die unterdrückte Rivalität der beiden Autoren[281], die durch die jahrelange enge Nachbarschaft nicht verringert, sondern (wie Güterslohs Tagebücher belegen) eher noch angeheizt worden war, hatte in Doderers *Offenem Brief an Baron Kirill Ostrog* indirekt und ironisch, aber doch öffentlich schon zuvor Ausdruck gefunden. *Und man kann sie mit keinerlei Abwertung des Sexuellen, mit keiner Männerbündelei und mit keiner Kameraderie mehr zudecken […].*[282]

Im Herbst 1949 konnte Doderer zum erstenmal seit Kriegsende wieder nach Landshut zu Maria Thoma reisen. Nach viereinhalbjähriger Trennung kommt es zu einem ängstlich erwarteten Wiedersehen: *Ich habe sie, die ich liebe, also wirklich wiedergesehen. […] Ich war wieder einmal glücklich: kaum zu fassen! Meine liebreizende Frau, ihr kleines Heim mit seinen freundlichen Geistern […]. Wir beteten vor der geschlossenen Tür zur Loretto-Kapelle auf dem Wege vom Bahnhof im Dunkeln.*[283] Von nun an vertauscht Doderer regelmäßig seinen einsamen Wiener Arbeitsplatz mit der freilich erst am 25. September 1952 in Altötting auch ehelich legitimierten Zweisamkeit in Niederbayern. Mindestens einmal haben Maria und Heimito von Doderer auch Gäste empfangen: Hilde Spiel und ihren (zweiten) Ehemann Hans Flesch von Brunningen, denen «noch spät am Tage geradezu sensationelle Mengen von Weißwürsten» vorgesetzt wurden.[284] Ansonsten besaß das Ehepaar die österreichische Staatsangehörigkeit.

Von 1949 an wurde Doderer vom Beck-Verlag wieder mit 300 Mark monatlich alimentiert. Und so hat er 1950, als er schließlich am 19. Juni mit einer Arbeit über die *Abtwahlformel in den Herrscherurkunden bis zum 10. Jahrhundert* die Prüfung des Instituts für Geschichtsforschung ablegte, von der Berechtigung, mit dreiundfünfzig Jahren noch als Archivar in den Staatsdienst übernommen zu werden, keinen Gebrauch mehr gemacht. Bei den Verhandlungen mit dem Verlag hatten die *Dämonen* (bzw. der darüber geschlossene Vertrag) eine wichtige Rolle gespielt. In München war man der Auffassung, es werde «notwendig sein, im Augenblick der Veröffentlichung der *Strudlhofstiege* beschleunigt an die Fertigstellung der *Dämonen* zu denken»[285]. Aber sich drängen zu lassen hatte Doderer keine Lust. *Ich be-urlaube mich [...] von jedwedem ‹œuvre›*, schreibt er am 9. September 1949. *Die Pseudologie des eigenen Lebens* möchte er *wie ein abmontiertes Brett* an die Wand lehnen, und sucht den *Mut zu einem neuen Werk.*[286] Allmorgendlich bemüht er sich um jene rauschhafte Leere und *Voraussetzungslosigkeit*, aus der sich einst der Umriß der *Strudlhofstiege* herausgelöst hatte: *In dieser Ruhe und Morgenstille, der schönsten Stunde, die man haben kann, bei annoch herrschender Dunkelheit vor dem leise knackenden Ofen, der schwarze Kaffee, die starke Zigarette, das Köstlichste des noch nicht angebrochenen Tags. Auf dem Dache des Lebens: so muß der Schriftsteller sitzen am Morgen, ante lucem, [...] und der erste Straßenbahnzug beschließt seine beste und den Tag entscheidende Stunde.*[287] An den Nachmittagen versucht er sich im *Melzer'schen Denkschlaf* oder unternimmt Wanderungen nach Liechtenwerd.

Aber neben der mönchischen Einsamkeit gab es auch alkoholische Junggesellen-Exzesse mit Freunden. Einer dieser Exzesse (der natürlich so kaum stattgefunden haben dürfte) wird im *VII. Divertimento* beschrieben. Der Ich-Erzähler, ein Schriftsteller, läßt mitten in der Nacht drei Posaunisten den Triumphmarsch aus Verdis «Aida» aufführen und dringt ins Zimmer seiner Vermieterin ein, hinter sich ein Dutzend Kumpane, die mit Spielzeugpistolen herumknallen.

Die Posaunen von Jericho sind einer der wenigen Texte Doderers, die nicht in der Vorkriegszeit spielen. Diese «Novelle von hoher, poetischer Kraft»[288] ist vielmehr genau in ihrer Entstehungszeit angesiedelt, im *Grundgeflecht dieses Winters 1950/51*[289]. Sie spiegelt Doderers Zögern vor einer erneuten Beschäftigung mit dem Wrack der *Dämonen*, das da halbversunken im Strom der Zeit liegt, und zugleich den «Häutungs- oder Entschlackungsprozeß»[288], mit dem er alle falschen Sinngebungen endgültig abschütteln will. Völlige Voraussetzungslosigkeit, *eine Art selbstleuchtender Idiotie*, strebt er an und möchte deshalb *jede Gelegenheit benutzen, um zu verblöden.*[290] Aber es hilft nichts, er muß den Roman seines Irrtums beenden: *Die Mitte des eigenen Lebens ausheben, mit Kraut und Busch, die darauf wuchsen, das ist, um's kurz zu sagen, die ganze Aktion DD.*[291]

Das politische Klima war einer Auseinandersetzung mit der eigenen Geschichte nicht günstig. Seit 1949 war Deutschland gespalten, von 1950 bis 1953 kämpften in Korea erst nord- gegen südkoreanische, dann chinesische gegen amerikanische Truppen. Am 17. Juni 1953 kam es in Ost-Berlin zu einem Aufstand gegen die SED, dessen Niederschlagung durch russische Panzer noch lange das deutsche Weltbild beherrschte. Auch Doderer wurde vom Antikommunismus ergriffen. *Seit Monaten schon merk' ich, daß der Osten am allermeisten vordringt durch die Demorali-*

1955 mit dem Doppel-Reflex-Bogen «True Temper». Bogenschießen gehörte seit Anfang der dreißiger Jahre zu Doderers bevorzugten Sportarten.

sierung, die er zunehmend im Westen erzeugt, wo ein Zustand der Panik entsteht bei der bloßen Vorstellung, man könnte der Aufzwingung jener totalitären Lebensform wieder ausgeliefert werden, heißt es im August 1950.[292] Am 18. September 1952 hielt er in Berlin eine Zwei-Frontstädte-Rede, in der Berlin und Wien, Marathon und Liegnitz in Analogie gesetzt wurden.[293] An der Seite von Ignazio Silone und John Steinbeck an einem UNESCO-Kongreß teilzunehmen, hat er sich geweigert, denn das seien ja *notorische Communisten*[294]. Und irgendwann hat er sich Fotos von Papst Pius XII. und Hilde Benjamin (der DDR-Justizministerin) ins Zimmer genagelt, den sehr verschiedenen Stellvertretern von Instanzen, die über NS-Verbrechen zu urteilen hatten.

Im April 1951 begann Doderer mit der Revision der *Dämonen*. Die Bestätigung, die er für die *Strudlhofstiege* erfuhr, trug dazu bei, daß seine Bereitschaft, das ältere Manuskript wegen seiner politischen Tendenz zu verwerfen, gering blieb. Auf die oben (S. 104 f.) zitierten Vorwürfe von Paul Elbogen jedenfalls reagierte er trotzig: *Man zeige mir eine Zeile in irgendeinem meiner Bücher, oder auch nur in einem Aufsatz, in einer kleinen Erzählung oder in einer kritischen Notiz, die in irgendeinem, sei's kackebraunen, sei's kakerlgrünen «Sinne» verfasst wäre. Vergebliches, weil unmögliches Bemühen.*[295] Einen Bruch in seinem Leben und Werk konnte Doderer nicht akzeptieren. Andererseits hatte er aber auch seit Jahren schon ein Konzept, um das 1940 im Tagebuch versickerte Projekt zu retten: *Eine Umarbeitung oder dergleichen kam nie in Betracht*, hatte er 1944 beschlossen, sondern *von irgendwo anders her kommend, werde ich dereinst vielleicht diesen Block umspülen und er wird ein Inselchen werden in einem katharischen Strom.*[296] Aber das ist nicht einfach: *Tonnen voll Leben consumiert, ein Häferl voll Intelligenz daraus destilliert, die freilich jetzt nicht genügen kann, den ganzen zusammengebackenen Galimathias fortzuschwemmen!* notiert er am 24. August 1951. *Und doch muß sie's leisten!*[297] Um das Werk erneut in Bewegung zu setzen, wird er den alten Text durch Streichungen und Einschübe aufbrechen, neue Figuren und Schauplätze einführen und am Ende, fünf Jahre später, über 1300 Seiten vorlegen, um 400 zu «retten».

Die Handlung der *Strudlhofstiege* war in vielen Punkten auf die *Dämonen* abgestimmt worden.[298] Die Wirkung der *Strudlhofstiege* auf die *Dämonen* ist äußerlich schwächer geblieben. Doderer hat zwar erwogen, die Geschichte Melzers in den *Dämonen* fortzusetzen. Aber letztlich übernimmt er von den Figuren, die der *Strudlhofstiege* entspringen, nur Mary K. Die Handlung beginnt – mit einer «Lücke» von einem dreiviertel Jahr – im Sommer 1926, und zwar stark «exzentrisch», weit weg von den autobiographisch fixierten, problematischen siebzehn Kapiteln, die Doderer zwischen 1930 und 1936 verfaßt hatte: Der amerikanische Insektenforscher Dwight Williams ist nach Wien gekommen, weil er in London vom Schicksal Mary K.s gehört und sich spontan in diese tapfere Unbekannte verliebt hat. Das Kapitel *Draußen am Rande* (I, 1) mit dem heiteren Spaziergang am sprudelnden Bach im Haltertal und dem Bericht über Mary K.s mühselige Gehübungen mit der Prothese gehört zu den ersten 1951 verfaßten Einschüben, mit denen Doderer den *Galimathias* aufzubrechen und wegzuschwemmen versucht. Der zweite große Einschub findet sich in I, 5, 2–15 (S. 116–163). Hier öffnet sich die Welt des Leonhard Kakabsa, eines jungen Gurtwebers aus der Brigittenau, der dem Café Kaunitz und der (sehr sympathischen) Prostituierten Anny Gräven entwächst und sich auf dem Umweg über die Buchhändlerin Malva Fiedler und Scheindlers lateinische Grammatik aus den Fesseln des Dialekts befreit und seine *Geistes-Geschichte*[299] beginnt, die ihn am Ende zum Bibliothekar eines Fürsten und zum Geliebten von Mary K. werden läßt. Mit Mary (der positiv gezeichneten Jüdin) und Leonhard (dem positiv gezeichneten Arbeiter) glaubt Doderer starke, *lebensgesunde* Figuren gefunden zu haben, die ihn sicher über das Problem-Dickicht der antidemokratisch und antisemitisch gefärbten Kapitel hinwegtragen können, die das autobiographische Grundgeflecht des Romans bilden.

Ganz glaubwürdig aber sind beide nicht. Der tugendhafte Kakabsa, in dem Doderer den *Menschen von heute* sehen möchte, den *Zapfen, um den die Angel sich dreht, um welche dieses Zeitalter sich uns zu neuen Taten öffnen, oder für immer verschließen wird* [300], ist kein Mann ohne Eigenschaften wie Melzer, und im Kampf gegen ihre Behinderung verliert auch Mary K. die Offenheit, das latente Gefährdetsein, aus der *Strudlhofstiege*. Man wird den Verdacht nicht los, daß Doderer weder sie noch ihn wirklich mag. Gegen die starken, autobiographisch erlebten und erlittenen Figuren der «alten» *Dämonen*, gegen Stangeler, Schlaggenberg, Grete Siebenschein, Rittmeister Eulenfeld, Quapp und die anderen kommen Leonhard und die Mary der *Dämonen* nicht auf. Der tiefe, schmerzliche Riß, der durch Doderers Leben hindurchgeht, ließ sich so nicht verdrängen. Er blieb in die *Dämonen* eingeschrieben wie in Doderers Leben. Daß Stangeler und Schlaggenberg ein und dieselbe, zutiefst gespaltene Person sind, daß sowohl Grete als auch Camy Doderers erste Frau Gusti Hasterlik sind, wird wohl kaum einem Leser entgehen. Daß also die Trennung Doderers von seiner ersten Frau das zentrale und zugleich außenliegende Motiv des Romans ist, daß in Stangelers Abreise nach Amerika (mit Grete) und Schlaggenbergs Rückkehr nach Wien (ohne Camy) die beiden großen Alternativen von Doderers Lebensweg (die fiktive und die reale) dargestellt wurden, ist bis in die letzte Fassung zu spüren. [301]

Im zweiten Teil des Romans, dessen Text im wesentlichen aus den Jahren 1952/53 stammt, hat Doderer die Handlung weit aufgerissen. Schon im Kapitel *Auf offener Strecke* (aus dem Jahr 1940) hält Gürtzner-Gontard ein Plädoyer für einen *Meuterer und Abenteurer*, der sich als junger Offizier weigert, ein Hinrichtungspeloton zu befehligen; und das Kapitel *Am anderen Ufer* erzählt von allerlei erotischen und sexuellen Freiheiten. So wird vom zarten Liebesspiel zwischen Trix (der Tochter von Mary K.) und ihrer Freundin Fella Storch und von einer spontanen sexuellen Vereinigung zwischen René und der todkranken Käthe Storch (der Mutter von Fella) berichtet, die Grete dann auch noch billigt. Diese Situationen sollen *wie scharfe kleine Messer-Schneiden hervortreten, auf welchen alles balanciert* [302]. Auch die eigene sadistisch-voyeuristische Sexualität bildet Doderer in souveräner Schamlosigkeit ab: Der «junge Historiker» Stangeler studiert ein «frühneuhochdeutsches» Manuskript, in dem genau das beschrieben wurde, was Doderer liebte, während Grete Siebenschein kommentiert [303]: *«Mein guter Bub [...]: falls du etwa anfangen solltest, mich nunmehr für eine keusche Witwe zu halten, und mich derohalben zu peinigen, kriegst du von mir glatt ein paar Ohrfeigen.»* Von der polemischen Bitterkeit der alten Romanteile und dem Selbstmitleid und den dumpfen Todesahnungen der kleineren Romane aus den dreißiger Jahren ist hier nichts mehr zu spüren. Man könnte sagen: Die Nachkriegsdemokratie, der Erfolg der *Strudlhofstiege* und das (halbwegs) gesicherte Einkommen bekamen Doderer gut.

Die große Offenheit gegenüber dem *Leben, wie es ist,* hat Doderer in den *Dämonen* aber nicht herstellen können. Viel zu starr sind die seit 1934 festgelegten Geleise der (ziemlich altertümlich konstruierten) Fabel[304]: Kammerrat Levielle, der jüdische Finanzberater, hat aus Eigennutz das Kriegstestament des Rittmeisters Ruthmayr zugunsten von dessen natürlicher Tochter Quapp unterschlagen, die als angebliche Schwester des Schriftstellers Schlaggenberg aufgewachsen ist. Wegen der Ähnlichkeit Quapps mit ihrem Vater fürchtet Levielle die Aufdeckung seines Betrugs und versucht, Schlaggenberg und Stangeler durch eine Karriere bei der Allianz (einem jüdischen Pressekonzern) zu bestechen. Am Ende wird er aber durch eine zufällige Begegnung Geyrenhoffs mit Gach entlarvt, jenem braven Soldaten, dem der sterbende Ruthmayr auf dem Schlachtfeld das Testament in die Hand gedrückt hatte. Diese Fabel wird über 1200 Seiten zwar arg in die Länge gezogen, bleibt aber doch der rote Faden der Handlung, von dem die Figuren abhängen. Daß es keine ganz «wertfreie» Fabel ist, liegt auf der Hand.

Aber damit nicht genug, stellt Doderer in den Mittelpunkt seines Romans wie schon 1936 geplant auch noch ein höchst umstrittenes historisches Datum: Anfang 1927 hatten im burgenländischen Schattendorf drei Angehörige der «Frontkämpfervereinigung» (in Notwehr oder auch nicht) bei einer Demonstration auf sozialdemokratische «Schutzbündler» geschossen und ein achtjähriges Kind und einen Kriegsinvaliden getötet. Beim Prozeß in Wien am 14. Juli 1927 fanden die Geschworenen keine Schuld an den Tätern, und das Gericht sprach sie frei. Daraufhin kam es am nächsten Tag zu Unruhen, in großen Marschkolonnen zogen die Arbeiter über die Ringstraße. Der Justizpalast und das Redaktionsgebäude der christsozialen «Reichspost» wurden in Brand gesetzt, die Feuerwehr am Löschen gehindert, Versuche der sozialdemokratischen Führer, die Ordnung wiederherzustellen, scheiterten. Die Polizei eröffnete das Feuer, fünfundachtzig Demonstranten und vier Polizisten wurden getötet. «Es war», schreibt Elias Canetti, «eines von jenen nicht zu häufigen öffentlichen Ereignissen, die eine ganze Stadt so sehr ergreifen, daß sie danach nie mehr dieselbe ist. [...] Ich spüre noch die Empörung, die mich überkam, als ich die ‹Reichspost› in die Hand nahm; da stand als riesige Überschrift: ‹Ein gerechtes Urteil›. [...] Auf meinem Fahrrad fuhr ich schleunigst in die Stadt hinein und schloß mich [einem der Demonstrationszüge] an.»[305]

Ob Doderer am 15. Juli 1927 in der Stadt war, ist nicht bekannt. Die Ereignisse um den Justizpalast soll er sich von Gaby Murad, die am Schmerlingplatz wohnte, erzählt haben lassen. Daß Doderer den Brand (in bewußter Dostojewski-Nachfolge) zum zentralen Ereignis der *Dämonen* machte, hatte politische Gründe. In der Frühphase, als der Roman noch bis ins Jahr 1933 reichen sollte, bildete die Niederschlagung der *marxistischen Gärungen* eine wichtige Etappe auf dem Weg zur

Der Brand des Wiener Justizpalastes am 15. Juli 1927

«deutschen Revolution» (s. oben S. 45 und S. 55), jetzt deutet Doderer den Brand hingegen als *das Cannae der österreichischen Freiheit*[306]. Was für ihn schon deshalb reizvoll war, weil damit nicht mehr die Nationalsozialisten am Untergang der Republik schuldig schienen, sondern irgendwelche anderen Kräfte, eben die *Dämonen* der Massen. Lediglich *Schlachtenbummler* sind die Nazis (im Roman durch Körger und Eulenfeld verkörpert) an diesem Tag: *«Mögen sie einander die Köppe einschlagen. Um so besser für uns.»*[307]

Doderer hat sich große Mühe gegeben, den 15. Juli 1927 von der Ebene der «historischen Ereignisse» auf die Ebene des persönlichen Schicksals herunterzuholen. Einerseits dadurch, daß sowohl die beiden Opfer der burgenländischen Schießerei als auch ein toter Polizist als Figuren in den Roman einbezogen und sogar die komplizierten politischen Beziehungen zwischen dem schon faschistischen Ungarn und dem noch demokratischen Österreich durch Figuren und Episoden personalisiert werden, andererseits aber dadurch, daß die Mehrzahl der Figuren den Ereignissen gegenüber privat bleibt. Lediglich der tatsächlich «dämonische» Gewohnheitsverbrecher Meisgeier und der politische Wirr-

112

kopf Gyurkicz stürzen sich in die Schlacht. Meisgeier wird in einem Abflußschacht erschossen, als er der Polizei im wahrsten Sinne des Wortes ein Bein zu stellen versucht, Gyurkicz stirbt auf einer Barrikade, gewissermaßen irrtümlich, während seine Ex-Geliebte Quapp auf dem Cobenzl mit seinem Nachfolger Géza Sekt trinkt, René Stangeler sich endlich daran erinnert, daß er Grete Siebenschein schon 1916 als Freundin seines Kriegskameraden E. P. kannte und dies nur immer verdrängt hatte, um seine Schuldgefühle zu mindern[308], und Leonard Kakabsa, der sich natürlich nicht auf der Seite der Massen, sondern auf der Seite der Ordnungsmacht stellt, seiner Mary die Füße küßt. *Auch den unechten.*[309]

So hat der 15. Juli 1927 in den *Dämonen* eine ähnliche Funktion wie der 25. September 1925 für die *Strudlhofstiege*. Aber Justizpalast und 15. Juli waren niemals privat, sondern a priori politisch, und während es Doderer in der *Strudlhofstiege* gelingt, den Ersten Weltkrieg fast «ungeschehen» zu machen, weist in den *Dämonen* auch das Private auf den politischen Untergang hin – wie zum Beispiel die nächtlichen Visionen der Kapsreiter (III, 5 und 10). Die Sturzkurve des Romans hatte sich seit 1930/31 nicht mehr geändert – lediglich ihre Bewertung. Die *Dämonen* waren als politischer Zeitroman konzipiert, sie sind es bis zum Ende geblieben, und Doderer hat es nicht anders gewollt. Als er im August 1951 die Arbeit wiederaufnahm, schob er die Erkenntnis vom Januar 1940, *daß ein Roman auf ‹thematische› Art und Weise überhaupt nicht entstehen kann* (s. oben S. 73), wieder beiseite und ersetzte alle alten «Themen» durch das allumfassende neue: *das implicierte Haupt-Thema, das eigentlich historische, die zweite Wirklichkeit.*[310]

Die *schwarze Zentralsonne*[311] dieser zweiten, falschen Wirklichkeit ist jetzt das Hakenkreuz, das Symbol des totalen Staates, aber es gibt daneben noch zahlreiche andere *Befangenheiten*, insbesondere sexuelle. Die hervorragendsten sind Herzkas Sadismus und Schlaggenbergs *Dicke-Damen-Doktrinär-Sexualität.* Der Zusammenhang ist nicht zufällig. Schon 1948 hatte ihn Doderer in seinem Aufsatz *Sexualität und totaler Staat* untersucht. Dort nennt er zwar den Sexualakt *einen der intensivsten Fälle von Apperception […], eine der mächtigsten Klammern und zugleich Brücken zwischen innen und außen […]; und das heißt hier nichts anderes als: Wirklichkeit.* Andererseits aber hat, so Doderer, *der Europäer durch lange Zeit den totalen Staat in sexueller Praxis […] vorgeübt,* indem er die Gnade des im Eros *Hinzugegebenen* durch eine *paradoxe Pseudo-Sexualität,* durch sexuelle Vorlieben, Lügen und Ideologien zu erzwingen versuchte. Die eigene sexuelle «Debauche» (Sadismus, Dicke Damen, Voyeurismus etc.) ist Modellfall für das Entstehen zweiter Wirklichkeit und damit Einübung in den politischen Irrtum. *Denn der totale Staat ist garnichts anderes als der Zusammenfall zahlloser pseudologischer Räume und ihre Konsolidierung in einem einzigen ungeheuer dickwandigen […].* Er ist die *konsolidierte Apperceptions-Verweigerung.*[312] Was mit den vie

Heimito von Doderer mit dem Teilmanuskript der «Dämonen»
auf dem Weg zum Verlag

len kleinen und der einen großen Befangenheit zu geschehen hat, ist
klar: *Jede errichtete zweite Wirklichkeit muß einmal platzen.* Sogar Schlaggenberg weiß das.[313]

Die Beleuchtung eigener Befangenheiten und Verstrickungen wird so
das eigentliche Ziel der *Dämonen*. Die Irrwege des Autors waren in den
ersten Kapiteln des Romans ja deutlich dokumentiert, und er hatte kei-

neswegs die Absicht, sie zu verleugnen. *An meiner ersten Dinglichkeits-reihe ist nichts zu ändern, nichts zu bessern: lassen wir den also, wie er sein wollte und mußte!* [314] Einsicht soll nicht durch Manipulation am Text, sondern durch gestaltweise Katharsis, eine öffentliche «Menschwerdung» dokumentiert werden. Die *antisemitischen Komplexe* sollen dabei *Objekt der Darstellung* (das heißt vom Autor auf seine Figuren verlagert) und dann *vom Lebensverlauf selbst* relativiert werden. [315]

Im Tagebuch sind Reflexion (und Selbstkritik) auch zu finden, besonders wo Doderer sein Verhältnis zu Gusti Hasterlik neu durchdenkt: *Der sogenannte Antisemitismus ist, wie eine unbefangene Betrachtung vom Empirischen her zeigt, nicht so sehr eine aus eben diesem hervorlaufende und also von Erfahrungen eingespurte Bereitschaft; sondern ein schon in der Kindheit durch die Umgebung introduciertes Material von Associationen, das erst im viel späteren Leben als Baustoff polemischer Konstruktionen herangezogen wird, oder gleichsam als Brennstoff unter dem Kessel des Selbstwertes, um jenen bei Spannung zu erhalten. Abwertungen können im Menschen lange verkapselt sein oder latent: er wird sie hervorholen, wenn er ihrer bedarf, in irgendeinem Konkurrenz-Kampfe. Die sogenannte «Rasse» sprach nicht apriorisch. […] Erst […] am Anfang der Zwanzigerjahre, im beginnenden Kampf der Geschlechter, versuchte ich meine Unterlegenheit auf diesem Felde in eine Überlegenheit des Rassen-Wertes zu convertieren* [316]. Im Text des Romans fehlen solche Analysen, und die gestaltweise *Relativierung durch den Lebensverlauf* bleibt fragmentarisch und inadäquat. Was er in der Fabel und Exposition an Vorurteil aufgehäuft hat, vermag Doderer auch auf tausend Seiten nicht wieder wegzuerzählen.

Die stärkste und schönste Wirkung geht vielleicht von Camy von Schlaggenbergs Brief an Geyrenhoff aus, wo Doderer sich in die Bitterkeit des Emigrantendaseins hineinzudenken versucht: *Lieber, guter Herr Sektionsrat! Sie haben nie von mir gehört, das müssen Sie mir verzeihen. Aber es war mir, nach alledem, in den ersten Wochen und Monaten wirklich eine Schwierigkeit, mich innerlich zurück zu der Heimat zu wenden, auch nur so eine Adresse zu schreiben mit «Wien XIX.» und «Österreich» […]. Diese letzten zehn Jahre, alles, was mit Kajetan zusammenhängt, es erscheint mir heute von unbeschreiblicher Schrecklichkeit, unbegreiflich und – als gar nicht zu mir gehörend. […] Aber mein Leben ist doch verloren gegangen, das heißt, ich bin von diesem Leben ganz abgekommen… […] ich habe keine Sorgen und es geht mir gut. Aber oft hab' ich eine so furchtbare Leere und Schwäche in mir, als wenn ich aus lauter dünnem Glas gemacht wäre […]* [317] Die Begegnung mit seiner Frau in deren Londoner «Exil» – Studien zu dieser Szene hatte Doderer bei einem Besuch bei Hilde Spiel im Jahre 1954 gemacht – führt am Ende zu Schlaggenbergs *Menschwerdung* oder zumindest zu deren Beginn. *Halten Sie sich fest auf der «grünen Kreuzung»*, wird Schlaggenberg von Geyrenhoff auf der drittletzten Seite des Romans energisch ermahnt. *Auf ihr sprießt die Zukunft. Denken Sie gesammelt an Camy.*

So endet diese Symphonie autobiographisch, notiert Doderer am 24. Juni 1956. Und dreizehn Tage später: *Das Ende des Werks ist der Anfang meines Lebens.*[318]

In der Tat wurde die Veröffentlichung der *Dämonen* am sechzigsten Geburtstag des Autors zu einem Triumph. Die lange Entstehungsgeschichte mit ihren *Schüben und Stauchungen*[319], auch die Hektik der letzten Wochen, in denen Doderer Korrektur las und zugleich noch das letzte Kapitel verfaßte, waren vergessen, und die Mängel des Buches zunächst einmal auch. Der PEN-Club gab einen Empfang, stilvoll im Palais Berchtold, Strudlhofgasse 10. *Was an Gallert noch an mir hängt, wird dieses Buch wegfegen*, hatte sich Doderer selbst prophezeit[320], und für eine Zeitlang hob es ihn auf den Gipfel des Ruhms. Die Kritik, die auf die *Strudlhofstiege* mit der üblichen Verzögerung reagiert hatte, war diesmal wohlvorbereitet, und auch der österreichische Buchhandel, der sich im ersten Jahr der *Strudlhofstiege* noch mit 500 Exemplaren begnügt hatte, bestellte von den *Dämonen* auf Anhieb die dreifache Menge. Seit dem Staatsvertrag vom 15. Mai 1955 war Österreich wieder souverän und verlangte nach Literatur, die Identität stiften konnte. Und die Deutschen wollten gleich mitprofitieren. Am 5. Juni 1957 widmete der «Spiegel» dem Autor eine Titelgeschichte, die mit den Worten begann: «Auf der

Die «grüne Kreuzung». Währinger Ecke Nußdorfer Straße

Suche nach einem Thronfolger für die verwaisten Kronsessel der deutschen Literatur – Thomas Mann starb 1955, Gottfried Benn und Bertolt Brecht starben 1956 – wendet sich der Blick des deutschen Lesepublikums deutlich nach Wien.» Die staatlichen Stellen, die Doderer zehn Jahre zuvor noch mit einem Berufsverbot zum Schweigen zu bringen versucht hatten, schickten ihn jetzt in die Schweiz und nach England, nach Paris und Athen. «Unser übernationales Nationalgefühl» sollte er dort verkünden, wie die Presse erkannte. Am 10. März 1958 wurde ihm der Große Staatspreis verliehen, und als 1961 die von Robert Pick (einem jüdischen Emigranten aus Wien) betreute amerikanische Ausgabe der *Dämonen* von den New Yorker Zeitungen ziemlich scharf kritisiert wurde, konnten es die Wiener Blätter nicht fassen, daß dem «österreichischen Nobelpreiskandidaten» so übel mitgespielt wurde. Bald darauf kursierten die ersten hektographierten Zettel, auf denen Doderer wegen seiner früheren NSDAP-Mitgliedschaft attackiert wurde.

Und Doderer selbst? Natürlich genoß er den Ruhm: *Der Letzte wurde der Erste.*[321] Es befriedigte ihn, daß er jetzt eine *Macht* war[322], daß er endlich ein bißchen Geld hatte. Aber zugleich war er skeptisch geblieben. *Bei wem [die Armut] sich zu oft festgesetzt, zu lang und zu tief eingespurt hat: der kann niemehr unbesorgt und unbeschwert werden, ja nicht einmal mehr richtig satt [...].*[323] Er machte (fast) alles mit, was die Öffentlichkeit von ihm verlangte, bedankte sich bescheiden und artig für jede Ehrung und jeden Brief. Aber die Bedingtheit der Anerkennung, das Mißverhältnis zwischen offizieller Lobhudelei und internem Gezischel blieben ihm nicht verborgen. *Im Grunde,* sagt eine seiner Lieblingsfiguren, *hat jeder Mensch, der nach langer Mühe durch den Erfolg sozusagen rehabilitiert wird, etwas widerwärtiges an sich [...], etwas widerwärtig Braves.*[324] Er wußte, daß er, der Ex-Offizier, Ex-Historiker, Ex-Protestant, Ex-Bourgeois und Ex-Nazi, der Konvertit und *gelernte* Österreicher, der so gerne «dazugehört» hätte, für immer ein Außenseiter sein würde. *Ich werde mich nicht austrocknen lassen. Denn so bin ich gemacht, daß ich mir immer eine frische und dichtere Haut wachsen lassen kann. Der kühle Lurch muß in's Wasser. [...] Die Rolle eines «Braven», der sich belohnen ließ, ist ausgespielt.*[325]

Der Gewaltskerl, der «Mann der bewußten Debauche», war noch längst nicht zur Ruhe gekommen. Schon in den IV. Teil der *Strudlhofstiege* hatte sich in der Gestalt Höpfners die *Gesinnung des Eingriffs, der Aktivität, des Durchbruchs, gleichgültig wohin,* eingeschlichen.[326] Seine Schilderung eines *«Großkampftags»*, bei dem durch Psychoterror der völlige Zusammenbruch eines Menschen herbeigeführt wird, ist eindeutig als Vorausdeutung auf die Besessenheit der *Dämonen* erkennbar. Bezeichnenderweise ist es nur Camy von Schlaggenberg, die hier widerspricht. *«Wer gibt einem das Recht, einen anderen Menschen derart zu quälen?»* fragt sie, und erhält die erkennbar faschistische Antwort: *«Das*

ist [...] vollkommen nebensächlich. [...] Es handelt sich um die Tat! [...]
Die richtig aufgebaute und bis zum Exzeß gesteigerte Tat hat Wert, nichts
sonst.» Eine Fortsetzung fand das Motiv in den *Posaunen von Jericho.*
Hier kommt es zu einer geradezu befreienden Tat: Während sich der Erzähler zunächst mit seinem rabiaten Auftritt im Zimmer seiner Vermieterin zum Narren gemacht hat, rettet er am Schluß einem Lebensretter
mit einem brutalen Griff an die Nase das Leben.

Aber Doderers Wut auf die verwaltete Welt, auf die Schikanen der
Bürokratie und alle Beschränkungen, denen uns die Zivilisation unter-
wirft, blieb weiterhin virulent. Die *conservative* Haltung seiner großen
Romane war nicht etwa Ausfluß tiefer innerer Ruhe, sondern das Ergebnis strengster Selbstdisziplin. *Wenn ich mich frage, was ich denn eigentlich*
und wirklich haben möchte und mir wünschte, notiert er zu mitternächt-
licher Stunde zwischen dem 17. und 18. Oktober 1951 [327], *so wäre es – viel*
Geld, um in einer Folge schwerster sexueller Excesse, sinnloser Saufereien
und dementsprechender Gewalthändel endlich und endgültig unterzuge-
hen. Statt dessen hab' ich das weitaus gewagtere Abenteuer der Tugend ge-
wählt. Zu diesem Zeitpunkt stand freilich längst fest, daß Doderer seine
Wut mit der *epigrammatischen Faust* nicht würde erledigen können.
Nein, einen ganzen Roman voller pseudowissenschaftlicher und genea-
logischer Rasereien gönnt er sich, gekrönt von der *Scheerung und Ent-*
mannung des fränkischen Majoratsherren Childerichs III., der durch
eine Reihe ungewöhnlicher Heiraten und Adoptionen steinreich und
gleichzeitig sein eigener Vater, Großvater, Schwiegervater und Schwie-
gersohn geworden war.

In den ‹Merowingern› werde ich mir eine Reservation für das Groteske
schaffen, das mir sonst überall Unfug treibt, hatte er in Erkenntnis seiner
eigenen Unduldsamkeit 1951 notiert [328], und so hat dieser wüste Roman
die Entstehung des II. und III. Teils der *Dämonen,* die Herausgabe der
Tagebücher 1940–1950 unter dem Titel *Tangenten* und die Anfänge des
Romans No 7 begleitet. Kommentare in den Tagebüchern fehlen fast
vollständig, so daß man geneigt ist, an eine weitgehend spontane Entstehung zu glauben. Dennoch ist nicht zu übersehen, daß es manche dialek-
tische Beziehung zu den genannten Hauptwerken gibt. Wenn sich Doderer zum Beispiel in den *Merowingern* auf die von Friedrich Theodor
Vischer entdeckte «Tücke des Objekts» bezieht, dann kann er damit
wohl nur solche Gegenstände meinen, die sich der gottgewollten Analogia entis entziehen, aus der sinnhaften Weltordnung herausfallen (wie
zum Beispiel Kragenknöpfchen) und ihrem eigenen Dämon gehorchen.
Solche Dämonie der Dinge begegnet schon im *Nachtbuch der Kaps* im
letzten Teil der *Dämonen* und später dann wieder im *Roman No 7.* Daß
diese Dinge Teufelswerk seien, mag Doderer uns freilich nicht offen
zugeben (vermutlich aus Sorge, wegen *geronnener Transcendenz* doch
noch in katholischen Gemeindebüchereien zu enden). In den *Mero-*

wingern wird vielmehr die Firma Hulesch & Quenzel als Urheberin solcher Peinigungen benannt, eine zwar *kaufmännisch organisierte, jedoch wesentlich metaphysische Instanz,* zu deren Spezialitäten die Herstellung und der Vertrieb von allerlei Apparaturen zur *Störung ernster Männer* gehören, als da sind: *Schrecksessel, pneumatische Untertassen, schneidende Kragenknöpfe* und *künstlicher Taschengrus (mit dauernder Schmutzwirkung auf Fingerspitzen und Nägel).*[329]

Im übrigen dürfte in den *Merowingern* auch ein Fall von Vatermord vorliegen. Eine zumindest partielle Identität zwischen Doderers Vater, dem *alten Adler* der *Dämonen,* und Childerich III. erweist sich an einem authentischen Zitat, das letzterem in den Mund gelegt wird: *«Dieser ist der ordinärste!»* sagt er über den Schriftsteller Doctor Döblinger. Mit ähnlichen Worten hatte einst Wilhelm von Doderer seinen Sohn tief gekränkt.[330]

Die *Merowinger* und andere Wut-Texte Doderers, die er gelegentlich auch bei Lesungen vortrug, haben dazu beigetragen, daß er bei einem kleinen fanatischen Kreis von Kennern, den sogenannten «Heimitisten», zum Kultautor wurde. Ein weibliches Mitglied dieser Sekte teilte Doderers Verlag noch achtzehn Jahre nach dem Tod des Autors mit, daß sie in der Wiener Innenstadt ein Firmenschild von Hulesch & Quenzel entdeckt habe. «Es befindet sich neben einem Stiegenaufgang im Hause 1010 Wien, Herrengasse 6–8», läßt die erschrockene Dame das Lektorat wissen und bittet um Verständnis, «daß ich nicht weiß, ob man darüber lachen soll, oder ob es einem vielleicht besser etwas kalt über den Rücken rinnt»[331].

Auf dem Wege zum
«roman muet» (1957−1966)

«Doderer hat mich zu sich zum Tee eingeladen. Ich habe nur ein einziges
wirklich hübsches Kleid, ein blumiges, von den Tanten genähtes, eng in
der Taille und weit ausschwingend. Ich habe es immer an, also kennt er
es schon. Er steht an einer Ecke der Gasse, um mich zu erwarten. Ehe er
mich kommen sieht, kann ich ihn beobachten. Ich weiß ja nicht, warum er
mir gefällt. Mittelgroß und kräftig, ohne das feiste Männergenick [...].
Die Art, wie der Maßanzug sitzt, läßt auf eine, wie man so sagt, starke
Individualität schließen [...] ich werde mir nicht schlüssig, ob es sich um
einen ‹Mann› oder einen ‹Herren› handelt. Er hat langfasrige Muskeln,
und trainiert ist er auch. Feminin tänzerisch, chevaleresk, grüßt er mit
übertriebener Verbeugung [...]. Wieder riecht er intensiv nach Laven-
del.» Irgendwann im Juni 1955 ist das gewesen. Doderer ist achtundfünf-
zig. Die da schreibt, ist dreizehn Jahre jünger. Ihr Lebenspartner versucht
sie vor dem Alten zu warnen: «Der Mann ist ein Faschist!» schreit er.
Aber sie ist nicht zu halten. «Ich [...] trotte hinter ihm her in ein ziemlich stinkendes Haus mit geborstenen Stiegen. Im Parterre ist eine Drucke-
rei [...]. Er sagt erklärend: ‹Ich ziehe bald hier aus. Zum ersten Mal in
meinem Leben habe ich etwas Geld in der Hand.›»[332] Gemeint war wohl
der Preis des Industriellenverbandes. Der betrug zweitausend Mark. An
Doderers Leben hatte sich wenig geändert. Noch immer wohnte er in der
Buchfeldgasse. Seit drei Jahren war er mit Maria Thoma verheiratet. Die
Eheschließung war in aller Stille erfolgt. Aber die häusliche Geborgenheit bei seiner «Mienzi» in Landshut war Doderer wichtig. Bei allem Appetit auf die deutlich jüngere Dame, die er sich eingeladen hatte, hielt er
sich zurück. «Vorsicht waltet. Wir erzählen einander, was wir so von uns
verraten wollen, und sehen uns mit hungrigen Augen an.»[333]
Es folgt eine Gegeneinladung. «Es kommt der Csokor, es kommen die
Kollers, es kommen die Saikos. Sie möchten ihn kennenlernen – den er-
folgreichen Kollegen, den jetzt Rehabilitierten [...]. Wie sie da alle her-
umsitzen, nach Irrfahrten, mißglückten Selbstmorden, nach Reisen
durch die halbe Welt, unfreiwilligen, versteht sich, die Verwandtschaft
vergast! [...] Konversation und offene Wunden. Er versteht es nicht. E r
hat doch nicht. E r doch nicht.»

Roman No 7: «Der Wasserspiegel des einstmaligen Strom-Armes drängt die hohen alten Bäume auseinander und öffnet einen langen Tiefblick über seine Fläche [...] es gibt hier bunte Kähne zu mieten...» Das Heustadlwasser im Wiener Prater

Es folgt ein Spaziergang im Prater. «Wir stehen dicht an dem trägen Tümpel [des Heustadlwassers], an dem auch ich als Kind gespielt habe und den ich in einem seiner Romane wiederfinden konnte mit allen Molchen und Kröten und pubertären Ängsten. Ich sage ihm das, und er freut sich so sehr, daß er mich vor allen Leuten küßt.» Dann endlich ist es soweit. Doderer kommt in die Hadikgasse nach Hietzing. «Es wird ein typisches erstes Mal. [...] Ein klassischer Akt. Statt der frivolen Zigarette nachher rezitiert er eigene Verse und noch ein Gedicht in Latein von Catull.» Anschließend «geht, nein schreitet [er] davon, verläßt mich mit Handkuß».[334]

Volle vier Monate, von Ende Dezember 1955 bis zum 1. Mai 1956 flüchtet Doderer zu «Mienzi» nach Landshut und schreibt die *Dämonen* zu Ende. Sein Tagebuch schweigt von der Liebesaffäre. Nur gelegentlich gehen Briefe nach Wien. Erst als er am 27. Juli mit *Schlaggenbergs Wiederkehr* fertig und nach Wien zurückgekehrt ist, macht er die Geliebte zu seiner *demütigen Sklavin*[335] und geißelt sie mit einer «kurzstieligen Peitsche [...] aus roten Samtbändern», streng nach dem Ritus des Herrn von Achaz aus den *Dämonen*. Den kennt die Geliebte aber noch gar nicht,

Währinger Straße 50, wo Doderer von 1956 bis zu seinem Tod wohnte.

weshalb sie die Inszenierung ein wenig lächerlich findet und damit einen merowingischen Wutanfall auslöst: «Er rennt aus dem Raum. Tobt in der Küche. Holzscheite krachen gegen die Wand.»[336] Doderer wohnt jetzt schon in der Währingerstraße 50, an der *grünen Kreuzung*, in der Nähe der Strudlhofstiege. *Daß Eros mich würdigt – nach allem! –, ist tiefste Freude, unbegreifliche*, gesteht er sich jetzt endlich ein. *Senkrecht unter den Sohlen der Sommer 1921 […]*. Dies *nach fünfunddreißig Jahren gegebene Zeichen der Versöhnung richtig zu deuten*, nimmt er sich vor.[337] Bei der Buchpremiere für die *Dämonen* an seinem sechzigsten Geburtstag im Palais Berchtold sind viele Prominente anwesend, die heimliche Hauptperson ist die Geliebte.

Im Oktober 1956 kommt es in Ungarn zum Aufstand gegen die Sowjets. Israel, England und Frankreich werden von der UNO gehindert, den Suezkanal zu erobern. Am 4. November wird die Revolte in Budapest blutig niedergeschlagen. Niemand weiß, ob nicht der Dritte Weltkrieg bevorsteht, aber Doderer und Dorothea Zeemann sind in Italien. Auf Goethes Spuren und voller *Erinnerungen an 1925*[338] reisen sie über Venedig, Florenz und dann von Neapel zu Schiff nach Palermo und schließlich nach Agrigent. «Heimito läßt die Muskeln des antiken Menschen spielen, als der er sich fühlt. Nackt in der Sonne […].»[339] Vergeblich ruft «Mienzi» im Verlag an, um davor zu warnen, daß die Russen womöglich bis Wien kommen könnten…

Am 22. November kehren Doderer und Zeemann zurück. Während sie von ihrem Lebenspartner Walther Schneider als «Hure» beschimpft wird, hat er in Landshut nichts zu befürchten. Schon im September hat Maria von Doderer Verständnis gezeigt. Sie erwies sich als *großartig: […] nobel, über der Situation, ein magdliches verehrungswürdiges Frauenbild, eine große Mutter […]*.[340] Und am 29. Dezember kann Doderer nach Wien melden, «Mienzi» habe ihre *Balance wieder ganz erlangt*. Fortan war die Zeemann, *Heimita*, fast öffentlich die Geliebte. Denn: *Jede Sache, jeder Mensch: damit sie eigentlich leben und am Leben bleiben, müssen sie doch irgendwie unter die Leute kommen, und freilich auch – sei's denn! – in deren Mund*.[341] Sowohl in Wien als auch in München wußte man Bescheid. Und auffallend häufig vergleicht Doderer sie mit Gusti Hasterlik, seiner ersten Frau.

Neben die Verbreiterung des äußeren Lebens durch öffentliche Auftritte, Lektoratsarbeit und Förderung junger Talente (darunter natürlich auch Dorothea Zeemann), trat jetzt die Aufbereitung der Tagebücher von 1940–1950 unter dem Titel *Tangenten*, als *Contrapost gegen [Jüngers]* «*Strahlungen*»[342]. Aber die Überwindung des eigenen Erfolgs, der nach sechzig Lebens- und Hungerjahren und zwei großen Romanen zu einer gewissen Ermattung geführt hatte, kam aus einer ganz anderen, viel aktuelleren Ecke. *Das ganze Malheur*, schreibt Doderer am 10. Mai 1957 an Horst Wiemer, *welches mich seit vielen Wochen verfolgte und zu vielem, ja, zeitweis zu allem anderen unfähig machte, ist mit einem einzigen Worte [...] zu umschreiben: D VIII (Divertimento VIII). [...] Ich geh' seit langer Zeit nicht mehr zum Telephon und öffne nicht, wenn es läutet [...].*

Woher die Besessenheit? Welche Leidenschaft war da wirksam? Nun, man muß befürchten, daß ähnlich wie 1929/30 auch diesmal negative Gefühle am Werk waren, gewissermaßen niedere Beweggründe: Doderer wollte einen Rivalen umbringen (zumindest auf dem Papier). Anfang 1957 hatte er seiner Geliebten einen Urlaub ermöglicht, er selbst dagegen war seit Ende 1956 ständig auf Lesereise, in Basel, London, Köln, Hannover, Braunschweig, Hamburg und schließlich Berlin. Hier kommt es, als die Briefe der Geliebten ausblieben, zu einer «peinlich-banalen Eifersuchtsphantasie»[343]: In allen Einzelheiten malt sich Doderer aus, wie Dora im Urlaub von Walther Schneider besucht worden war. *Heute nacht saß ich hier im großen Atelierzimmer nebenan von $^1/_2$ 11 bis 7 Uhr früh bei eingeschalteten Lichtern, und den ganzen Vormittag noch, alles ohne zu schlafen. [...] Es hängt mit Deinem «Promeniertwerden» am Semmering zusammen [...].*[344] Nach Wien zurückgekehrt, macht er Pläne für ein *Divertimento*, um seine Eifersucht zu verarbeiten, zeichnet auch eine erste Kompositionsskizze. Erst am 11. April entscheidet er sich, das Projekt von seinem emotionalen Anlaß zu trennen: *D VIII hat eine autobiographische Möglichkeit, die ich verwerfe, und eine der Verhebung in gänzlich andere Substrate: diese müßten dann empirisch genau untersucht werden.*[345]

Wohin die *Verhebung* erfolgte, ist nachgerade bekannt: Statt sich (wie 1929) mit dem *schmählich Autobiographischen* der unmittelbaren Gegenwart herumzuschlagen, faßte Doderer den viel größeren Plan zu einem neuen großen Roman: *Jede wirkliche Novelle schleust uns durch den engen Kanal einer Ausnahme, darin der reißende Fluß sich in's Mahlwerk der Erzählung stürzt. Danach aber münden wir und treiben langsamer, hinausgeschwemmt in's offene Meer mit unbestimmt sich wegwendender Küste im Sonnenglast. Der novellistische Lotse geht von Bord, der Kapitän für große Fahrt übernimmt unser Schiff: es ist der Romancier.*[346] Nach der ersten Kompositionsskizze wird es allerdings wieder still um das neue Projekt. Es fehlt offenbar an Figuren und Inhalten. *Seltsamer Gedanke*, schreibt Doderer am 17. Juli 1957, *meine Vergangenheit ist zu kurz geworden, seit ich sie mit den «Dämonen» bis 1927 consumiert habe!*[347]

Also treibt Doderer sein ästhetisches Denken voran. *Meine ganze Motivtechnik*, schreibt er am 21. September 1957, *erscheint mir heute plump und veraltet. [...] Keine substantiellen Analogien mehr und keine verbal-grammatischen! In Aura und Kadenz muß das ganze Motiv liegen!* Und, am 18. Juli 1958: *Das primäre Erfassen – nicht Erklären! – von Auren ist die Technik von R 10 (mit neuer gegenstandsfreier und kadenzierter auratischer Motiv-Technik).* In seiner Pariser Rede vom 22. März 1958 hatte er

124

1959. Die programma-
tische Grundschrift

alles zusammengefaßt, was er sich seit 1940 erarbeitet hatte, im Verlauf
der folgenden Monate wird sie (zum Teil mit Unterstützung von Dorothea Zeemann) ergänzt und ausgearbeitet und 1959 in Nürnberg gedruckt. *Grundlagen und Funktion des Romans* heißt der Titel dieses
großen Essays, der ein Gegenstück zur «Theorie des Romans» von
Lukács sein soll und in epigrammatischer Zuspitzung alles enthält, womit Doderer die Erzählkunst über Joyce, Proust und Musil hinaus zu be-
fördern versucht hat. Wichtigster Punkt: Die sogenannte Krise des Erzählens ist *eine Krise unserer Wirklichkeit überhaupt*. Und *die Aufgabe,
die sich dem Roman heute stellt*, ist dementsprechend *die Wieder-Erobe-
rung der Außenwelt*[348], allen Spezialwissenschaften, Ideologien und
Scheinwirklichkeiten zum Trotz.

Der *Roman No 7* entsteht also auf einem abgeklärten theoretischen
Fundament, aber wovon soll er handeln? *Wäre für möglich zu halten, daß
einer sein Leben substratiell erschöpft?* fragt sich Doderer am 19. Mai

125

Roman No 7: Das Gymnasium an der
Sophienbrücken (heute Kundmann)gasse

1958. *Nein. Er hätte kaum die Mitte bewältigt, so erschiene der Anfang wieder völlig neu. So geht's mir mit der ganzen Zeit bis 1927.*[349] Die vielen Erinnerungen an die *Stiegenhalle des Gymnasiums*, den *Schulweg, die tiefen alten Gründe des III. Bezirks* und die *Weißgerberlände*, die er seit 1956 gesammelt hatte, hatten längst eine Richtung gefunden.[350] Was sich Doderer vorgenommen hatte, war nicht mehr und nicht weniger, als sein ganzes Leben noch einmal neu zu umgreifen. Nicht von sich selbst allerdings will er sprechen, sondern von den «anderen», den Gestalten, die ihm damals höchstens als Randfiguren erschienen sein können. Frei von äußeren und autobiographischen Zwängen soll der *Roman No 7* entstehen und damit die ästhetische Gültigkeit von Doderers Methode erweisen: *Erstmals beginn' ich hier recht eigentlich etwas, und ohne hemmendes und klemmendes, erst zu überwindendes oder nur fallweis zu umgehendes vitium originis, wie bei DD.*[351]

Seit dem 30. Oktober 1957 kannte Doderer die beiden Anker-Figuren der *Wasserfälle von Slunj: Die Figuren jener Herren, die beiden englischen Typen, Vater und Sohn (Clayton & Shuttleworth?). Die Herren, welche im Café saßen, beneidenswert gepflegt.* Ende Februar 1958 erinnert sich Doderer an das Postamt 40 und einen Herrn Münster, und am 9. April konsolidiert sich das Bild. *Wieder die platz-artige Erweiterung beim Zusammenstoß von Rasumofskygasse und Marxergasse, wenn man von der Stammgasse gegen den Prater zu ging. Einst war da «Clayton & Shuttleworth», eine Maschinenfabrik. Vielleicht hingen jene beiden sehr englisch und überaus ähnlich aussehenden Herren, offenbar Vater und Sohn, die einem da oft – jedoch jeder für sich – begegneten, mit jenem Werke zusammen.* Im Juli treten in mehreren, ausdrücklich als *Studien* bezeichneten Texten schon Chwostik und die beiden Prostituierten Finy und Feverl hinzu, dann der Dr. Eptinger, und so allmählich das ganze Figurenensemble.[352]

Auf das heimliche Vergnügen, mit seiner Geliebten ein wenig zu prahlen und seinem jüngeren Nebenbuhler, diesem (aus seiner Sicht) schwachen, lebensunfähigen Menschen einen schmählichen Tod zu bereiten, brauchte Doderer dennoch nicht zu verzichten. Aus dem Dreieck Walther – Dorothea – Heimito macht er in den *Wasserfällen* einfach das Dreieck Donald – Monica – Robert. Daß es im III. Bezirk eine *gemeinsame Jugendgegend mit D[ora]* gab[353], wußte er schließlich schon lange.

Am 13. August 1958 steht Donalds Todesart und damit die «Handlung» der *Wasserfälle von Slunj* fest: *Das Schicksal von Claytons Sohn ist stigmatisiert dadurch, daß seine Mutter das Wasser senkrecht gesehen hat. Er stirbt auf einer Mühleninsel unmittelbar neben der Wasserswucht [...] rein vom Entsetzen, ohne verletzt zu sein oder zu ertrinken. Man holt ihn – er ist schon tot.*[354] Vom 4. September 1959 bis zum 4. November 1960 hat Doderer die *Wasserfälle* in kontinuierlicher Arbeit niedergeschrieben.

Roman No 7: «Der Donaukanal ist tief gleich vom Rande an...»

Weit ließ er sich in die Tiefe der Jahre zurückfallen, bis in die Gründerjahre der k. u. k. Monarchie. Der Roman beginnt im Jahre 1877 und kulminiert im Jahre 1910 (also unmittelbar, ehe die *Strudlhofstiege* beginnt). Und während *Dämonen* und *Strudlhofstiege* von Figuren beherrscht wurden, an deren biographischer Relevanz der Autor gar nicht vorbei konnte, sind Finy und Feverl, das Ehepaar Clayton, Chwostik, Münsterer und (mit einer gewissen Einschränkung) auch Donald Clayton und Monica Bachler für den Autor völlig beherrschbar – oder wie er sich ausdrückt: *betretbar* geworden. Alles *Egozentrische* ist weggefallen, der Blick ist frei geworden für *aliozentrisches Sehen*. Die Transparenz der Außenwelt, die Analogia entis, den angestrebten Primat der Form kann er dank der inneren Distanz zu den dargestellten Inhalten fast spielerisch durchsetzen. Hier ist ihm wirklich *die erste Dinglichkeitsreihe zum Chaos* geworden, *einer neuen Plastik zugänglich* [355]. Ohne alle Anstrengung läßt Doderer einen englischen Großindustriellen am Krebstümpel knien, mit leichter Hand macht er den Sohn eines Kellners zum kaufmännischen Leiter einer Devotionalienhandlung und hebt ihn mit einem Federstrich auf die Höhe der griechischen Mythologie. Das alles geschieht aber nicht willkürlich, sondern jederzeit exemplarisch. Der Leser wird eingeladen, der *Mechanik des Lebens* zu folgen und sie zu bewundern.

Die Befreiung von der Autobiographie ist auch nicht so zu verstehen, daß Doderer in den *Wasserfällen* nicht vorkäme. An den verschiedensten Stellen begegnen Wünsche und Vorstellungen, die er gehabt haben könnte. Zum Beispiel in der *Ergoletti-Episode*[356]: Hier malt er sich aus, wie es wohl gewesen wäre, wenn ihm eine reiche Gönnerin, als er achtzehn war, *einen festen Monatswechsel von 500 Mark und ein offenes Konto für Sonderausgaben* ausgesetzt hätte, das ihn unabhängig von seinem Vater gemacht hätte. Ein übermütiges «Möglichkeitsdenken» tut sich da auf, nicht als Reflexion allerdings – Reflexion hat Doderer in den *Wasserfällen* bewußt und vollkommen vermieden –, sondern als «wirkliches Leben». Denn: *die Wissenschaft vom Leben ist mir heute alles. Auf ihrem Grund find' ich die Form als Entelechie.*[357]

Damit sie plausibel wird, muß die *Wissenschaft vom Leben*, die *Fatologie*, über das Bewußtsein der Figuren hinausgehen. Deren Pläne, Meinungen und Äußerungen interessieren nur noch als Symptome ihrer Pathologie, auf «innere Monologe» oder längere Dialogpartien kann Doderer völlig verzichten. *Klar jetzt als eines der Prinzipien dieser Composition,* schreibt er am 14. Februar 1960: *Vorgänge und Lagen, die den Beteiligten niemals bekannt werden. Objektive Handlung ohne Wissen der Figuren. Mechanik des äußeren Lebens statt Psychologie und Reflexion. Hier nun die Beispiele her: Monika weiß nicht, daß sie ihre ersten Kindheitsjahre in Chwostik's Wohnung verlebte. Vielleicht spürt jene noch was. Aber Chwostik kann es unmöglich wissen, daß seine zwei Huren ihm die Geliebte gerettet haben. [...] Nie darf auf derlei Sachverhalte hingewiesen werden. Sie stehen schweigend da.* Schweigend – das ist die Essenz von Doderers Erzählen in diesem letzten Roman: daß er, gestützt auf ein Geflecht von «sinnhaft» geordneten Leitmotiven, von sinnhaft geordneten topographischen und zeitlichen Bezügen, von sinnhaft geordneter Außenwelt eine «objektive» (de facto natürlich von ihm selbst erfundene und eben deshalb «sinnhafte») Handlung stillschweigend durchscheinen läßt, daß er stumm bleibt und dem Leser das Erkennen der Transzendenz überläßt. *Der Roman – weit entfernt, irgendeinen leitenden Gedanken zu umspielen! – kann so wenig ein Substrat enthalten, das man angeben könnte, wie das echte Gedicht.*[358]

Diese fast schon lyrische Form des «roman muet» ist der äußerste Versuch, «Schicksal» sichtbar zu machen. Sie ist aber keineswegs ein Synonym für Determinismus. Den «freien Willen» beläßt Doderer seinen Figuren (im Gegensatz zu früher) durchaus: *Donald: er ist nicht Manuel Cuendias. Nicht ganz determiniert. Nur ein kalter, armer, unansprechbarer Halbstarker. Er könnte sich ja endlich gegen Monica öffnen, teilnehmen, sie hereinlassen. Er fühlt's vielleicht sogar, aber die «Trägheit des Herzens» ist größer. Er sieht «das Wasserglas an der Tischkante». Aber er nimmt's nicht weg.*[359] Am Schluß werden das Formprinzip des Romans und die Handlung miteinander identisch. Die immer sich steigernde Dynamik der Erzählung stürzt in ihren Katarakt, *so wie die Slunjica in die Korana hinabdonnert*[360].

Den Prinzipien des Realismus wird dabei nie Gewalt angetan. Zahlen, Daten und Fakten sind richtig und stimmig. *Wir escapieren nicht, wir lassen nichts hinter uns und wenden uns einem Höheren zu; sondern hier und jetzt, auf dieser uns gegebenen Ebene und im dort angetroffenen Materiale wird dem Geiste sein Recht erkämpft und sein Sieg gewonnen, der ihn alles durchdringen läßt, da sei es, was es sei.*[361] Das Empirische soll (und kann) für sich selbst sprechen, weil sich Doderer sicher ist, daß hinter allem die Transzendenz steht. *Die donnernde Wasserswand, die wie toll sich drehenden Mühlen: es ist kein Symbol (wofür auch?), es ist ein a-priorisches unbegreifliches Faktum in der Topographie des Lebens.*[362] Als ihm – schon nach Abschluß der Arbeit – neuere Fotos der *Wasserfälle von Slunj* geschickt wurden, auf denen keineswegs *eine donnernde Wasserswand* erblickt werden konnte, sondern lediglich einige Sturzbäche unter einer Schnellstraßenbrücke, war Doderer sehr enttäuscht. *Ich habe den Eindruck,* schrieb er am 16. Dezember 1963, *daß sich dort in Slunj seit 1878 bzw. 1910 vieles ganz gewaltig geändert hat; die große Autostraße auf der gewaltigen Brücke zum Beispiel; ferner scheint man geradezu Sprengungen vorgenommen zu haben, vielleicht zur Elektrizitätsversorgung. Die Mühlenhütten sind wohl ganz verschwunden. Ich arbeitete nach verläßlichen Zeichnungen in einem vom Kronprinzen Rudolf herausgegebenen Werk: «Die österreichisch ungarische Monarchie in Wort und Bild». Alles zusammen, ich bin froh, daß ich nicht in Slunj war, ich hätte vielleicht meinen Roman gar nicht beendet.*[363]

Spätestens dieses Bekenntnis zeigt die sympathische Zerbrechlichkeit von Doderers Position. Sein Erschrecken über die Zerstörung des genius loci durch Technik und plattes Nützlichkeitsdenken bestätigt, daß sein Werk im Kern durchaus Utopie ist: eine konservative Utopie, die sich nicht auf Veränderung, Umgestaltung und Ausbeutung der Welt richtet, sondern auf ihre Bewahrung. Oder noch nicht einmal das, denn: *Jede Lage gibt Aura ab, haucht sie aus, beim Zerfallen.*[364]

Um seinen sechzigsten Geburtstag herum ist Doderer innerlich zur «Elterngeneration» übergetreten. Dazu gehörte, daß er sich (wie der Doctor Keibl aus den *Wasserfällen von Slunj*) an *die Diktatur der Diskretion* klammerte, *in einem pluralistisch zerfallenden Inventar* hauste, *zwischen dem auch die leeren Räume der Müdigkeit standen,* und seine Geliebte als *Tochter* betrachtete. *Er wurde alt und er spürte es.*[365] Dazu gehörte die innere Aussöhnung mit dem einst so gefürchteten Vater, und dazu gehörte auch der völlige Bruch mit Gütersloh. *Von einem «Einfluß» […] Gütersloh's auf mich kann überhaupt keine Rede sein,* schrieb Doderer am 28. August 1960, ohne aber am alten «Lehrer-Schüler»-Mythos zu rütteln. Die innere Asymmetrie zwischen beiden war seit 1938 ständig

Roman No 7: Die Mühlen an den Wasserfällen von Slunj

Roman No 7: Vor der Villa Ben Tiber

gewachsen. Ohne daß Doderer davon wußte, hatte Gütersloh seinen «Schüler» mit wenig liebevollen Augen beobachtet und am Ende in seinem (von Doderer stets geförderten) Roman «Sonne und Mond» auf hämische Art als «Ariovist von Wissendrum» denunziert. *Gut gezeichnet,* kommentierte Doderer den Verrat am 21. Dezember 1962 erstaunlich gemäßigt, *leider auch, unfair genug, deutlich be-zeichnet (als «Bogenschütze»). Man muß das quittieren.*[366]

Doderer gehörte zu einer Generation, die von der Jugendbewegung geprägt war. Sport und Körperkultur und das Leben in der Natur gehörten zu den Idealen, mit denen er aufwuchs. Nach dem Krieg war es mit dem Boxen, Reiten und Skifahren aus, aber auch jenseits der Fünfzig ist Doderer stets stolz auf seinen sportlich-elastischen Körper gewesen. Um so schmerzlicher müssen alle Zeichen körperlichen Verfalls ihn berührt haben. Ende 1960 wurde es ernst. *Eine seit Wochen anhaltende Heiserkeit* wird als *Schaden an den Stimmbändern* diagnostiziert, *der eine Operation notwendig macht.*[367]

Der Stimmband-Schaden, den Doderer gegenüber der Geliebten als *Sängerknoten* verharmlost, ist ein malignes Karzinom. Jahrzehntelanges Zigaretten- und Pfeiferauchen, dazu das gesellige Trinken haben ihre Wirkung getan. Am 6. Dezember wird Doderer im Lainzer Krankenhaus operiert. Danach ist seine Stimme ruiniert, und die anschließende Strahlentherapie tut ein übriges, um ihn zu deprimieren. *Ich kann mir nichts mehr leisten und vertrage nichts mehr, weder das Trinken noch das Rauchen und Reden.*[368] Sogar von seiner Geliebten sagt er sich los. «‹Anständig› will er enden», schreibt sie wütend.[369]

Nach den *Wasserfällen von Slunj* hat Doderer im Verlauf des Jahres 1961 zunächst die *Merowinger* beendet, die 1962 erschienen. Gleichzeitig begann er aber, die folgenden Teile des *Romans No 7* zu konzipieren. Ähnlich wie lange Zeit bei den *Dämonen* verfolgte er die Absicht, den Roman bis in die «Gegenwart» fortzuschreiben; das heißt, der *Roman No 7* war großräumiger geplant als alle früheren Werke und sollte am Ende womöglich achtzig bis hundert Jahre umspannen. *Man könnte auch jeden der 4 Sätze in ein anderes Zeitalter legen [...]: I vor 1914, II 1918–38, III im 2. Kriege, IV nach dem 2. Kriege – und durch diese Kontinuität gegen die «geschichtlichen Epochen» sprechen.*[370] Von dieser Reprise der *Strudlhofstiegen*-Idee hat Doderer aber bald Abstand genommen und skizziert schließlich eine Art Rondo: *Zdenko, 1960 nach Tristan da Cunha vor dem Entsetzen und der Lächerlichkeit des Zeitalters gleichermaßen entflohen, erlebt dort am 10. Oktober 1961 die roten Wasserfälle von Szluin und das Zurückgeworfen-Werden in die verlassene Gemeinsamkeit.*[371]

Der Versuchung, Zdenko von Chlamtatsch in ähnlicher Weise zum Stellvertreter des Autors zu machen, wie es René von Stangeler oder Kajetan von Schlaggenberg waren, hat Doderer allerdings widerstanden. Im zweiten und dritten Teil der symphonisch gedachten Tetralogie sollte Zdenko gar nicht auftreten. Es entspricht dies dem Bauprinzip der «disjecta membra», wonach die Teile des Ganzen nur äußerst lose miteinander verknüpft und jeder in bezug auf den anderen ein *Jenseits im Diesseits* sein sollten. *Satzweis «disjecta membra», im Endsatze tritt alles in Beziehung – wäre lebensgemäß richtig, bei Abmauerung überall dicht nebeneinander liegender Substrate der ersten Sätze.*[372] Die Unwissenheit der Figuren über ihr Schicksal (bei gleichzeitigem Wissen des Lesers) sollte also bis zum Schluß erhalten bleiben. *Ausbreiten und durchscheinend sein lassen: das ist die ganze Romankunst, wenn nur einmal das schmähliche Direkt-Autobiographische überwunden ist.*[373]

Konnte man in den Molchstümpeln der *Wasserfälle* die Kindheitslandschaft des Conrad Castiletz wiedererkennen, so führt der zweite Teil des *Romans No 7*, der *Grenzwald*, in die sibirische Landschaft aus dem *Geheimnis des Reichs*. Auch die stark novellistische Handlung und eine der Hauptfiguren stammen aus dem früheren Roman: In russischer Kriegsgefangenschaft verrät der österreichische Oberleutnant Zienhammer neun ungarische Offizierskameraden an die Weißen und liefert sie damit dem sicheren Tod aus.[374]

Der *Grenzwald* sollte aber weder ein Kriegsgefangenen-Roman noch ein «Roman aus dem russischen Bürgerkrieg» werden. *Von einem chronologisch ablaufenden Bericht, wie etwa «Geheimnis des Reichs», kann keine Rede sein, oder davon, daß ich würde das Historische bewältigen wollen. Ich sehe da eher eine sich drehende Scheibe, um einen willkürlich gesetzten Mittelpunkt, jene Villa im Haltertal eben [...].*[375] In der von Otto Wagner 1885/86 für den Varieté-Direktor Ben Tiber erbauten Jugendstil-Villa in der Hüttelbergstraße 26, die Doderer im Frühjahr 1963 entdeckt hatte, sollte der zweite Teil des *Romans No 7* den Höhe- und Schlußpunkt erreichen: Weil er ihn irrtümlich für einen Zeugen seines Verrats hält, erschießt Zienhammer hier Jahre nach dem Krieg im «Grenzwald» hinter der Villa den jungen Freiherrn von Rottenstein. Der eigentliche Zeuge, der Arzt Dr. Halfon, der (ohne daß einer von beiden es wüßte) Zienhammers Sohn ist, überlebt.

Das «Grenzwald»-Motiv war auch schon in Doderers sibirischen Skizzen und in seinem ersten Roman aufzufinden.[376] Die Vorstellung, durch einen lichten Wald von kleinen Stämmen hinaus ins Helle zu blicken, gehört gewissermaßen zu Doderers Grund-Empirik, eng verknüpft mit dem Topos des Fensters, und immer positiv besetzt. So wird das «Zimmer im Wald» in der ersten erhaltenen Skizze zum *russischen Divertimento* aus dem Jahre 1924 mit der *Erinnerung an ein schönes, sehr junges Mädel* verknüpft, und im *Geheimnis* und *Mord* ist konkret von erotischen Erlebnissen im Walde die Rede.[377] Erlebnisse des Jahres 1912 oder 1913, an die sich Doderer fünfzig Jahre später wieder erinnert: *Jetzt nahe: Ida Plangl und ich, von Hütteldorf aus [...].*[378] Aber im Verlauf des Jahres

1965. Der «Grenzwald» lag auch im Garten der Villa Ben Tiber.

1963 wird das *lichte Laubgehölz* im Haltertal, wo er Ida Plankl geliebt hat, für Doderer zum *Grenzwald*, in dem Ernst Rottenstein stirbt und in dem sich auch sein eigenes Schicksal vollendet. *Zwischen den ersten lichten Ahornstämmchen des Grenzwaldes, in welchen ich eben eingetreten bin, mich umwendend, sehe ich durch wenige Augenblicke noch, einen stehn, der es zu einer Biographie nicht brachte, weil ihm ein natürliches Continuum [...] nicht eignete [...].*[379] Ort der Hingabe an die Transzendenz ist der *Grenzwald*, sei es in der Liebe, sei es im Tode. *Dies fassen, dazu ein Herz sich fassen. Alles geht mit drein! Dring' nur tiefer: du wirst schon sehen, worauf du stößt. – Wenn wir den Grenzwald durchschreiten, werden wir nichts mit uns nehmen. Gepäck wird da keines geschleppt. – Ihn durchschreitend hat [der Autor] sich selbst überlebt und seine erste Sprache [...]. Dieses neue Leben ist ihm zugewachsen und jenes andere sieht er von jenseits des Grenzwaldes mit Staunen.*[380]

Doderers äußeres Leben war enger geworden. Weihnachten und Neujahr 1964/65 war er zum letzten Mal in Landshut, dann zog seine Frau zu ihm nach Wien in die Währinger Straße. *Ich bin sehr froh, jetzt Mienzi bei mir zu haben*, meldet er an Wiemer.[381] *Sie wird hier vielfach herumgereicht und hat in Quapp einen geschickten Begleiter und Personaladjutanten.* Alsbald kommt es auch zu gemeinsamen Unternehmungen mit Dorothea Zeemann und Walther Schneider. «Wir treten zu viert auf», berichtet die Geliebte.[382] «Voroneweg gehen die beiden Herren; jeder seine Hände im Rücken auf dem Kreuz verschränkt [...].» Der 70. Geburtstag wird «im Palais Schwarzenberg, wo fast die gesamte österreichische Regierung erschienen war»[383], groß gefeiert. *Erst bricht man Fenster. Dann wird man selbst eins*, schreibt sich Doderer in die Festschrift.[384]

In der winzigen Wohnung in der Währinger Straße wird er von Mienzi versorgt. Auch die Ärztin Gaby Steinhart (geb. Murad) kümmert sich jetzt wieder um ihn. Sie wird ihn zusammen mit seiner Frau am 6. November 1966 ins Krankenhaus bringen. Aber noch ist sein «élan vital» nicht erloschen. Doderer wehrt sich gegen den Tod. «Nachts kommt er heimlich per Taxi zu mir in mein kleines Zimmer», notiert die Geliebte. «Er kommt nicht aus seiner Einsamkeit, sondern aus seinem nunmehr bürgerlich geregelten Greisendasein, das schon seit Tauf- und Trauschein hinein in die Familiengruft führt. Sein Tageslauf ist administriert. Er stolpert mit schlotternden Knochen, in seinen Hautsack geschrumpft, in der Mitte zusammengerutscht, ohne Taille, aber grimmigen Antlitzes zu mir herein und wirft seine Arme um mich [...].»[385]

Am 23. Dezember 1966 ist Doderer im Rudolfinerhaus in Ober-Döbling nach zwei Operationen an Darmkrebs gestorben. Seine letzte Sorge galt seinem Werk. Bis zum 29. November hat er noch am *Grenzwald* gearbeitet. Die Tagebuchaufzeichnungen sprechen von der «Heimkehr» nach

Die letzte Wohnung in der Währinger Straße 50

Döbling. Wie durch die Tuff-Höhlen eines Aquariums greift man durch brüchige Befangenheiten, die da einst waren.[386]

Doderers Beerdigung am 2. Januar 1967 «glich einem Staatsbegräbnis, Kardinal-Erzbischof König sprach die Tumbagebete in der Wallfahrtskirche der Karmeliten. Der Bundeskanzler, der Unterrichtsminister, der Bürgermeister, der deutsche Botschafter und andere Würdenträger nahmen an der Totenmesse teil. Dann zog halb Wien zum Grinzinger Friedhof, wo ein Ehrengrab von der Stadtgemeinde gestiftet worden war. Noch nie war ein Dichter so feierlich zur letzten Ruhe geleitet worden.»[387]

Einzig Gusti Calmus (geb. Hasterlik) war nicht am Grab. Sie ist achtzehn Jahre später in Colorado als Witwe eines Atomwissenschaftlers gestorben.

Anmerkungen

«Ein Mord den jeder begeht» und «Die Merowinger» werden nach den Taschenbuchausgaben zitiert, ansonsten sind gebundene und Taschenbuchausgaben (soweit vorliegend) in der Seitenzählung identisch.
Abkürzungen: APG = Albert Paris Gütersloh; HvD = Heimito von Doderer; NB = Nachtbuch; TB = Tagebuch; WStLB = Wiener Stadt- und Landesbibliothek. Alle in der Bibliographie verzeichneten Titel werden abgekürzt zitiert.

1 Torberg: Austriae poeta austriacissimus. In: Erinnerungen an HvD, S. 167
2 So jedenfalls Doderer über die Romanfigur René von Stangeler, sein literarisches Alter ego in der «Strudlhofstiege», S. 26
3 Strudlhofstiege, S. 595
4 Strudlhofstiege, S. 112
5 Vgl. Die Dämonen, S. 466
6 Er wurde von Doderer im «Geheimnis des Reichs» und im «Mord» als Albert Lehnder porträtiert. Frühe Prosa, S. 233; Mord, S. 44, S. 60 ff.
7 Tangenten, S. 143
8 Strudlhofstiege, S. 141
9 Frühe Prosa, S. 96 f.
10 Vgl. das Nachwort von Martin Loew-Cadonna in «Die sibirische Klarheit», wo die Kriegs- und Gefangenschaftserlebnisse Doderers ausführlich dargestellt werden.
11 Strudlhofstiege, S. 40
12 TB 30.1.50; Tangenten, S. 721
13 Der Grenzwald, S. 79 f.
14 TB 11.4.53; Commentarii I, S. 203
15 Der Spiegel, 5.6.57, S. 56; vgl. auch TB 21.6.37
16 TB 18.7.23; Frühe Prosa, S. 361
17 Die sibirische Klarheit, S. 114
18 Das Geheimnis des Reichs, In: Frühe Prosa, S. 241
19 Frühe Prosa, S. 242
20 Die Wiederkehr der Drachen, S. 133 f.
21 TB 5.2.51; Commentarii I, S. 28
22 Die Wiederkehr der Drachen, S. 134
23 Erinnerungen an HvD, S. 144
24 Erinnerungen an HvD, S. 94 f.
25 Frühe Prosa, S. 250
26 Frühe Prosa, S. 289
27 TB 14.8.45; Tangenten, S. 363
28 TB 19.11.20
29 TB 12.11.20
30 TB 18.10.42; Tangenten, S. 171
31 TB 26.4.21
32 TB 12.11.20
33 Erzählungen, S. 9, S. 12, S. 19 und S. 127; TB 9.4.21
34 TB 12.3.21
35 TB 27.7.53; Commentarii I, S. 226
36 TB 30.5.21
37 Strudlhofstiege, S. 174
38 Hugo Portisch, Sepp Riff: Österreich II. Bd. 3, München 1993, S. 152

39 Erinnerungen an HvD, S. 15

40 TB Jan. 1921 und 18.9.25

41 TB 13.5.42; Tangenten, S. 111

42 Die Dämonen, S. 239

43 Vgl. Pfeiffer: Doderers Alser-
grunderlebnis, S. 17 ff.

44 So jedenfalls glaubte Freud. Paul
Roazen: Sigmund Freud und sein
Kreis. Bergisch Gladbach 1976,
S. 106

45 Viktor Matejka, in: Begegnung
mit HvD, S. 102

46 TB 16.6.53; Commentarii I, S. 217

47 Die Dämonen, S. 198, S. 990, S. 513,
S. 67, S. 294

48 TB 21.11.22

49 TB 20.11.22

50 TB 1., 10. und 26.1.22

51 Strudlhofstiege, S. 29 ff. und
S. 395 ff.

52 TB 29.10.21

53 TB 11.1.22

54 Strudlhofstiege, S. 424 und S. 128

55 Spiel: Die hellen und die finsteren
Zeiten, S. 39 f.

56 Frühe Prosa, S. 21 f.

57 TB 11.4.21

58 Frühe Prosa, S. 23

59 Erinnerungen an HvD, S. 55

60 TB 25.7.25

61 Alles: Tagebuch eines Schriftstellers, Assisi, September 1925

62 Der hl. Franz von Assisi. In: Illu-
strierte Zeitung, Leipzig, Nr. 4244

63 TB 20.6.46; Tangenten, S. 474

64 «Das Geheimnis des Reichs» im
Februar und «Der Fall Gütersloh»
im November 1930

65 TB 18.10.42; Tangenten, S. 170

66 Wirkl. Hofrat Dr. Joh. Christoph
Allmayer-Beck, Wien, an Dr. Karl
Gutkas, St. Pölten, 19.9.83

67 Die Dämonen, S. 205

68 Unveröffentl. Brief an Robert Hil-
lig, 18.1.26

69 Die Dämonen, S. 337. Ein Ver-
zeichnis der von Wendelin
Schmidt-Dengler entdeckten jour-
nalistischen Arbeiten findet sich im
Anhang zur «Wiederkehr der
Drachen».

70 TB 5.5.46; Tangenten, S. 442

71 2. Brief aus Wien, in: Tempo,
Berlin, April 1927, S. 74

72 TB 10.1.26

73 TB Anfang 1926

74 Erzählungen, S. 129

75 TB Januar bzw. November 1925

76 An Helga Hauer, Briefentwurf
im TB 17.6.26

77 Strudlhofstiege, S. 396

78 TB 17.6.26; vgl. Die Dämonen,
S. 200

79 TB Oktober 1927

80 Die Dämonen, S. 324

81 Frühe Prosa, S. 375

82 TB September 1925

83 TB 25.6.29

84 Frühe Prosa, S. 219

85 Entwurf 1924; Frühe Prosa, S. 373

86 Frühe Prosa, S. 334

87 Frühe Prosa, S. 288

88 Vgl. Anton M. Koktanek: Oswald
Spengler in seiner Zeit. München
1968, S. 252 ff.

89 Frühe Prosa, S. 306

90 Frühe Prosa, S. 245

91 TB 26.7.26

92 Unveröffentlichter Brief an
Rudolf Haybach, 17.8.26

93 Die Wiederkehr der Drachen,
S. 134

94 HvD/APG: Briefwechsel, S. 75

95 Unveröffentl. Studienheft Juli
1929 und 13.8.29

96 Unveröffentl. Studienheft 13.8.29

97 Die Dämonen, S. 291

98 Die Dämonen, S. 184 und S. 92

99 Zit. nach: Hesson: Twentieth
Century Odyssey, S. 123

100 Studienheft August 1929

101 Unveröffentl. Studien Va, 1929

102 Die Dämonen, S. 302

103 Die Dämonen, S. 64 ff.

104 TB 10.9.31

105 Vgl. Die Dämonen, S. 198

106 TB 5.5.46; Tangenten, S. 443

107 Ein Umweg, S. 5 und Klappentext

108 Ein Umweg, S. 275 ff.
109 Vgl. Hesson: Twentieth Century Odyssey, S. 123
110 Vgl. Die Dämonen, S. 254 ff.
111 TB 8.6. u. 8.5.34. Im Umkreis dieser (rückblickenden!) Notizen wird am 14.5. erstmals die Strudlhofstiege erwähnt.
112 TB 3.2.57; Commentarii II, S. 38
113 Die Dämonen, S. 138
114 Gütersloh an Haybach, April 1929, in: HvD / APG: Briefwechsel, S. 38
115 Die Dämonen, S. 203, S. 851 und S. 479
116 Briefentwurf an Dr. Bergmann vom Diederichs Verlag, TB 3./4.6.32, zit. nach Hesson: Twentieth Century Odyssey, S. 23
117 APG an HvD, in HvD / APG: Briefwechsel, S. 88
118 TB 1933, Vorrede zu einer literarischen Abend-Unterhaltung
119 Portisch / Riff: Österreich II, Bd. 3, S. 177
120 TB 18.10.42; Tangenten, S. 173
121 Unveröffentlichter Brief an HvD, 7.6.51. Mit dem «Gedicht» ist wohl die unveröffentlichte «Symphonische Phantasie ‹Der Abenteurer›» von 1927 gemeint.
122 TB 10., 19.4. und 5.5.33
123 TB 17.6.46; Tangenten, S. 473
124 Portisch / Riff: Österreich II, Bd. 3, S. 173
125 HvD an APG, in: HvD / APG: Briefwechsel, S. 101 f.
126 TB 24./25. und 28.7.34
127 TB November 1934
128 TB 1.5.35; vgl. Die Dämonen, S. 16
129 «Die Sprache des Dichters», «Die Geburt des erzählenden Dichters» und «Das neue Reich», alle unveröffentlicht.
130 TB 30.3. und 1.–21.5.35
131 TB November 1934. Vgl. Die Dämonen, S. 302
132 Die Dämonen, S. 8 f.
133 Elias Canetti: Das Augenspiel. München 1985, S. 303 f.
134 Vgl. Hesson: Twentieth Century Odyssey, S. 27
135 Antrag und Brief bei Stieg: Frucht des Feuers, S. 216 ff.
136 Daß Doderer sich tatsächlich als Nachfahre Schnitzlers gefühlt hat, zeigt die «Grußbotschaft» an die Schnitzlergesellschaft v. 28.4.61: «Wer die Aura eines Ortes, seiner Menschen und Dinge, zu fassen, zu gestalten und zu bannen vermag, erschafft jenen Ort, seine Menschen und Dinge noch einmal. Hierin liegt die historische Bedeutung Arthur Schnitzlers, der das in bezug auf Wien vollbracht hat und – eben dies macht das Geschichtliche seiner Tat aus – als Erster.»
137 An APG 28.8.36, in HvD / APG: Briefwechsel, S. 96
138 Briefentwurf an Paul Elbogen, in: TB 29.8.51, in: Schröder: Apperzeption und Vorurteil, S. 402
139 Flesch-Brunningen: Die verführte Zeit, S. 215
140 An APG 28.8.36, in: HvD / APG: Briefwechsel, S. 96
141 An APG 4.11.36, in: HvD / APG: Briefwechsel, S. 106 f.
142 An APG, in: HvD / APG: Briefwechsel, S. 101
143 TB 20.7.37
144 TB 10.3.37
145 Vgl. das bei Hesson: Twentieth Century Odyssey, S. 100 ff. abgedruckte «Aide-memoire» von 1935
146 TB 25.11.36
147 TB 4.9.36, zit. nach: Loew-Cadonna: Zug um Zug, S. 52
148 Erzählungen, S. 386 ff.
149 Erzählungen, S. 394
150 In: Der neue Pflug 3, H. 4, S. 35 ff. Vgl. Die Dämonen, S. 1181 ff.
151 Strudlhofstiege, S. 168, Mord, S. 13 ff., Wasserfälle, S. 6. Die

Riesenkraken der «Dämonen», S. 815 ff., gehören nicht in diese Motivreihe, vgl. aber S. 1181 ff.

152 Loew-Cadonna und Schmidt-Dengler, in: Der Aquädukt. München 1988, S. 88
153 TB 14.7.37
154 24.11.37, in: HvD / APG: Briefwechsel, S. 129
155 TB 10.9.37
156 TB 1.5.35
157 TB 19.1.37
158 TB 4.1.37; auch im Exposé 10.9.37
159 TB 13.12.36
160 Mord, S. 12
161 So Doderer über René Stangeler. Tangenten, S. 183
162 Mord, S. 42
163 Mord, S. 41, S. 67, S. 81, S. 76 f. und S. 314
164 Mord, S. 175 f. und S. 202
165 Mord, S. 237
166 TB 18.6.37
167 An APG 20.7.37, in: HvD / APG: Briefwechsel, S. 125
168 Mord, S. 103; vgl. Weber: HvD, 1987, S. 34
169 An APG 28.8.36, in: HvD / APG: Briefwechsel, S. 96 f.
170 TB 1.6. und 4.7.37
171 An APG 20.7.37, in: HvD / APG: Briefwechsel, S. 126
172 Heinz Lunzer und Victoria Lunzer-Talos: Joseph Roth. Köln 1994, S. 262
173 APG an HvD 13.3.38, in: HvD / APG: Briefwechsel, S. 132. Sechs Wochen später wurde Gütersloh von den Nazis aus dem Staatsdienst entlassen.
174 An Haybach 27.3.38, unveröffentl.
175 Mord, S. 272
176 Vgl. Loew-Cadonna: Zug um Zug, S. 75
177 Stefan Zweig: Die Welt von gestern. Frankfurt a. M. 1949, S. 446 f.
178 Vgl. Die Dämonen, S. 1078
179 TB 31.12.38
180 TB 3.9.38
181 TB 13.3.46; Tangenten, S. 413
182 Edmund Schüller: De Spectationibus, in: Erinnerungen an HvD, S. 151
183 Die erleuchteten Fenster, S. 14, S. 13, S. 9 und S. 44; vgl. Tangenten, S. 349
184 Vgl. Schmidt-Dengler: HvD. Rückzug auf die Sprache, in: Österr. Literatur der 30er Jahre, S. 291–302, und TB 3.9.38: «Dich zur Sprache bekehren: das ist alles.»
185 Mord, S. 18
186 TB 21.8.48; Tangenten, S. 621
187 Tangenten, S. 214. 1948/51, als der Roman veröffentlicht wurde, verfaßte Doderer auch den Essay «Sexualität und totaler Staat».
188 TB 30.1.40; Tangenten, S. 37
189 TB 19.5.39. Die Dämonen, S. 489
190 TB 25.4.39; vgl. Mord, S. 202
191 TB 30.1.–1.2.40; Tangenten, S. 38 ff.
192 TB 12.2.40; Tangenten, S. 45
193 Die Dämonen, S. 471–473
194 Die Dämonen, S. 480 und S. 477
195 Die Dämonen, S. 491
196 TB 11.6.37
197 TB 14.2.39
198 Tangenten, S. 46
199 Georg Lukács: Die Theorie des Romans. Frankfurt a. M. 1991, S. 137
200 TB 16.2.50; Tangenten, S. 727 und TB 19.5.39
201 An APG 26.5.40; HvD / APG: Briefwechsel, S. 150
202 Autobiographisches Nachwort, in: Das letzte Abenteuer. Stuttgart 1964, S. 121
203 TB 12.6.45; Tangenten, S. 332
204 Die Wiederkehr der Drachen, S. 268
205 Tangenten, S. 52
206 TB 20.6. und 15.7.36

207 Vgl. TB 25.6.37
208 Tangenten, S. 52 f.
209 TB 20.4.45; Tangenten, S. 305
210 Tangenten, S. 315 und S. 318
211 Tangenten, S. 118
212 TB 16.7. und 14.8.45; Tangenten,
     S. 345 und 364
213 Die Wiederkehr der Drachen,
     S. 159
214 Die Dämonen, S. 480
215 Tangenten, S. 105, 106 und 114
216 TB 6.12.41, Mont-de-Marsan;
     Tangenten, S. 105
217 Tangenten, S. 88; vgl. Grundlagen
     und Funktion des Romans, in:
     Wiederkehr der Drachen, S. 158 f.
218 Tangenten, S. 337
219 TB 10.7.42; Tangenten, S. 145.
     Vgl. Die Dämonen, S. 433
220 Tangenten, S. 115
221 Tangenten, S. 132 und S. 183
222 Tangenten, S. 198 f.
223 TB 26.9.44; Tangenten, S. 239
224 Strudlhofstiege, S. 9
225 TB 16.3.47; Tangenten, S. 545
226 Vgl. Fischer: Studien, S. 72 f. und
     S. 85
227 TB 12.3.45; Tangenten, S. 291.
     Das spätere Titelgedicht «Auf
     die Strudlhofstiege zu Wien»
     hatte Doderer aber schon am
     27.12.44 in Waldsassen verfaßt.
228 Tangenten, S. 111 und S. 110
229 TB 4.8.44; Tangenten, S. 230
230 TB 6.5.45; Tangenten, S. 314
231 In einem unveröffentl. Brief an
     Gaby Murad vom 22.3.46 heißt
     es: «Wegen Béla [Fáludy] bin ich
     wirklich entsetzt! Das ist jetzt
     (nach Dr. Motesitzky) der zweite
     von meinen Freunden, den diese
     SS Haderlumpen ermordet
     haben.»
232 Otmar Rychlik (Hg.): Gäste –
     Große Welt in Bad Vöslau. Aus-
     stellungskatalog 1994, S. 121
233 Tangenten, S. 329
234 An Hilde Spiel 25.4.63, in: Spiel:
     Briefwechsel, S. 192
235 TB 3.2.46; Tangenten, S. 395
236 Portisch/Riff: Österreich II,
     Bd. 1, S. III
237 TB 19.2.46; Tangenten, S. 404
238 Unveröffentlichter Brief vom
     30.4.46
239 13.2.46; HvD/APG: Briefwech-
     sel, S. 179
240 28.2.46; HvD/APG: Briefwech-
     sel, S. 180
241 An Heinrich Beck, 9.2.46, offen-
     bar durch Boten übermittelt, da
     ohne Zensurstempel; Verlagsar-
     chiv
242 Vgl. Tangenten, S. 199
243 Tangenten, S. 403
244 Tangenten, S. 415
245 TB 20.2.46; Tangenten, S. 405;
     vgl. Die Wiederkehr der Dra-
     chen, S. 159
246 TB 8.5.45; Tangenten, S. 318
247 Tangenten, S. 400
248 Tangenten, S. 327
249 TB 3. und 5.5.46; Tangenten,
     S. 441 f.
250 TB 12.6. und 19.6.46; Tangenten,
     S. 472 und S. 474
251 TB 29.6.46; Tangenten, S. 481
252 2.6.46; HvD/APG: Briefwech-
     sel, S. 190. In diesem Zusammen-
     hang wird man auch bemer-
     ken, daß der unbestechliche Gut-
     achter des Borromäusvereins
     nicht auf Doderers vorgeblichen
     Katholizismus hereinfiel, sondern
     hinsichtlich der «Strudlhofstie-
     ge» in aller Deutlichkeit feststell-
     te: «Bei den zahlreichen sexuell-
     erotischen Bezügen und der in-
     neren Bindungslosigkeit eignet
     sich der Roman nicht für eine
     katholische Volksbücherei.»
     Verlagsarchiv
253 TB 7. und 10.11.46; Tangenten,
     S. 527
254 Vgl. Weber: HvD, Diss. von
     1963
255 TB 1.11.46; Tangenten, S. 524
256 TB 22.4.47; Tangenten, S. 564;

vgl. Wiederkehr der Drachen,
S. 173

257 TB 18.10.46; Tangenten, S. 511

258 Tangenten, S. 544; Strudlhofstiege, S. 407

259 Strudlhofstiege, S. 29–39

260 TB 24.10.46; Tangenten, S. 517

261 TB 24.10.46; Tangenten, S. 516f.

262 TB 17.3.47; Tangenten, S. 546f.

263 Vgl. Fischer: Studien, S. 62

264 Tangenten, S. 599 und S. 601

265 Strudlhofstiege, S. 412

266 Strudlhofstiege, S. 622

267 Strudlhofstiege, S. 510

268 TB 11.8.44; Tangenten, S. 232

269 Strudlhofstiege, S. 682ff.

270 TB 1.11.46; Tangenten, S. 524f.

271 Strudlhofstiege, S. 892

272 Strudlhofstiege, S. 753, S. 43, S. 96, S. 763

273 TB 5.12.49; Tangenten, S. 701

274 Strudlhofstiege, S. 908

275 Tangenten, S. 535, S. 611 und S. 614

276 Brief vom 22.5.49; Verlagsarchiv

277 Brief vom 2.8.49; Verlagsarchiv

278 Briefe vom 7. und 29.6.51

279 28.5.51; Spiel: Briefwechsel, S. 22

280 13.6.51; Spiel: Briefwechsel, S. 26. Welche spezielle psychologische Funktion solche bald auch öffentlich wiederholten Äußerungen Hilde Spiels für Doderer gehabt haben, läßt sich erraten, wenn man weiß, daß er sie Wiemer gegenüber insgeheim «Grete Siebenschein» nannte (Brief vom 21.8.52)

281 Vgl. dazu das instruktive Vorwort von Reinhold Treml zum «Briefwechsel» HvD / APG, besonders S. 64ff.

282 Wiederkehr der Drachen, S. 128. Ostrog ist die Hauptfigur von Güterslohs Roman «Eine sagenhafte Figur». Wegen des gegen Doderer verhängten Publikationsverbots war die Rezension

1947 unter dem Pseudonym René Stangeler erschienen.

283 TB 1.10.49; Tangenten, S. 683f.

284 Erinnerungen an HvD, S. 65

285 Gutachten Horst Wiemers vom 1.8.49

286 TB 9.9., 6.12. und 11.12.49; Tangenten, S. 674, S. 702 und S. 703

287 TB Feb. 50; Tangenten, S. 727, S. 722, S. 732

288 Hilde Spiel: Ein Fenster auf Österreich. In: Dieselbe: Die Dämonie der Gemütlichkeit. Reinbek 1993, S. 209

289 TB 8.4.51; Commentarii I, S. 42

290 TB 1.3. und 4.4.51; Commentarii I, S. 35 und S. 41

291 TB 8.4.52; Commentarii I, S. 119

292 Tangenten, S. 783

293 Wiederkehr der Drachen, S. 227–230

294 An Wiemer, 10.5.57; Verlagsarchiv

295 Briefkonzept, TB 29.8.51; zit. nach Schröder: Apperzeption und Vorurteil, S. 402

296 TB 26.9.44; Tangenten, S. 239

297 TB 24.8.51; Commentarii I, S. 67

298 Vgl. TB 5.3.46; Tangenten, S. 408

299 Die Dämonen, S. 555. Man beachte, daß Doderer als Gegner aller Volkstümelei den Dialekt hier als Gegenteil einer eigenen Sprache betrachtet.

300 TB 17.8.52; Commentarii I, S. 142

301 Vgl. Commentarii I, S. 58, wo von einer Situation die Rede ist, «in welcher der mit Grete nach Wien zurückkehrende René auf Kajetan (den dagebliebenen) stößt».

302 TB 29.5.52; Commentarii I, S. 132

303 Die Dämonen, S. 824

304 Alle Details finden sich schon im «Aide mémoire» zu den «Dämonen der Ostmark» von 1934, abgedruckt bei: Hesson: Twentieth Century Odyssey, S. 100–115

305 Canetti: Die Fackel im Ohr, S. 230

306 Die Dämonen, S. 1328
307 Die Dämonen, S. 1322 und
    S. 1323
308 Vgl. Strudlhofstiege, S. 342, wo
    E. P. den Sachverhalt erwähnt
309 Die Dämonen, S. 1322
310 TB 5.9.51; Commentarii I, S. 70
311 Die Dämonen, S. 1045
312 Wiederkehr der Drachen, S. 281,
    S. 287, S. 293
313 Die Dämonen, S. 1062
314 TB 13.9.53; Commentarii I, S. 238
315 TB 24.8.51; Commentarii I, S. 67
316 TB 3.4.52; Commentarii I, S. 117
317 Die Dämonen, S. 475 f.
318 Commentarii I, S. 536 und S. 539
319 Commentarii II, S. 328
320 TB 13.9.53; Commentarii I, S. 238
321 TB 26.3.52; Commentarii I, S. 116
322 An Dorothea Zeemann 18.8.56;
    WStLB
323 TB 18.1.51; Commentarii I, S. 20
324 Dwight Williams in: Die Dämo-
    nen, S. 821
325 TB 14.9.54; Commentarii I, S. 344
326 Strudlhofstiege, S. 716 ff.
327 Commentarii I, S. 79
328 TB 1.3.51; Commentarii I, S. 35
329 Die Merowinger, S. 121–127; vgl.
    TB 18.9.50; Tangenten, S. 802 f.
330 Die Merowinger, S. 109; vgl.
    Zeemann: Jungfrau und Reptil,
    S. 58
331 Maria Turner-Turnheimb, Wien,
    an den Biederstein-Verlag,
    18.10.84
332 Zeemann: Jungfrau und Reptil,
    S. 54 und S. 52
333 Zeemann: Jungfrau und Reptil,
    S. 55
334 Zeemann: Jungfrau und Reptil,
    S. 55–62
335 An D. Zeemann, 22.9.56; WStLB
336 Zeemann: Jungfrau und Reptil,
    S. 64
337 TB 3., 15. und 18.8.56; Commen-
    tarii I, S. 546 und S. 549
338 NB 21.10.56; Commentarii II,
    S. 31
339 Zeemann: Jungfrau und Reptil,
    S. 73
340 An D. Zeemann, 15.9.56; WStLB
341 Wasserfälle von Slunj, S. 77
342 An Wiemer, 22.9.58; Verlags-
    archiv
343 TB 26.2.57; Commentarii II,
    S. 86 f., und Kommentar Schmidt-
    Dengler, S. 535
344 An D. Zeemann, 2.3.57; WStLB
345 Commentarii II, S. 88–92
346 TB 20.5.57; Commentarii II, S. 99
347 TB 17.7.57; Commentarii II,
    S. 106
348 Commentarii II, S. 111 und S. 62;
    Wiederkehr der Drachen, S. 164
    und S. 169
349 Commentarii II, S. 132
350 NB 1956; Commentarii II,
    S. 25–36
351 TB 25.11.58; Commentarii II,
    S. 152
352 Commentarii II, S. 54, S. 58,
    S. 127, S. 136 ff.
353 NB 25.12.56; Commentarii II,
    S. 36
354 Commentarii II, S. 68 f.
355 Wiederkehr der Drachen, S. 162
356 Wasserfälle von Slunj, S. 153–170
357 TB 28.12.58; Commentarii II,
    S. 155
358 Commentarii II, S. 223 und S. 238
359 TB 13.12.59; Commentarii II,
    S. 211
360 TB 4.11.60; Commentarii II,
    S. 257
361 TB 8.1.61; Commentarii II, S. 272
362 Texte und Probetexte 1; zit. nach:
    Wolff; Wiedereroberte Außen-
    welt, S. 203
363 An Dietrich Weber, Verlagsarchiv
364 TB 26.1.62; Commentarii II,
    S. 315
365 Wasserfälle, S. 108 f., S. 77, S. 105
366 Commentarii II, S. 350
367 An Wiemer, 26.11.60; Verlags-
    archiv
368 TB 7.10.61; Commentarii II,
    S. 299

369 Zeemann: Jungfrau und Reptil,
S. 102
370 NB 17.8.58; Commentarii II, S. 70
371 TB 29.10.61; Commentarii II,
S. 302
372 TB 9.7.58; Commentarii II, S. 138
373 TB 29.1.65; Commentarii II,
S. 453
374 Vgl. Frühe Prosa, S. 271, S. 287 ff.
375 TB 18.6.63; Commentarii II,
S. 374
376 Vgl. Sibirische Klarheit, S. 23, und
Frühe Prosa, S. 278, S. 291, S. 293,
S. 300, S. 312
377 Vgl. Frühe Prosa, S. 375 und
S. 278; Mord, S. 70
378 TB 27.2.63; Commentarii II,
S. 361
379 TB 7.4.63; Commentarii II, S. 366
380 TB 4., 8. und 16.12.63; Commentarii II, S. 396 f.
381 An Wiemer, 2.2.65; Verlagsarchiv
382 Zeemann: Jungfrau und Reptil,
S. 106
383 Erinnerungen an HvD, S. 71
384 Meine neunzehn Lebensläufe,
S. 10
385 Zeemann: Jungfrau und Reptil,
S. 114
386 TB 12.12.66; Commentarii II,
S. 530
387 Hilde Spiel: Abschied von Doderer. In: Dieselbe: Die Dämonie
der Gemütlichkeit, S. 210

Zeittafel

1896	5. September: Franz Carl Heimito Ritter von Doderer in Hadersdorf/ Weidlingau bei Wien als sechstes Kind des Oberbaurats Wilhelm Ritter von Doderer (1854–1932) und seiner Frau Wilhelmine Luise, geb. von Hügel (1862–1946) geboren
1914	4. Juli: Reifeprüfung, Beginn eines Jura-Studiums
1915	April: Einjährig-Freiwilliger beim 3. Dragonerregiment
1916	12. Juli: Gefangennahme in der Schlacht von Olesza; Kriegsgefangenschaft in Krasnaja Rjetschka bei Chabarowsk und Krasnojarsk
1920	Flucht aus Petropawlowsk; 14. August: Heimkehr nach Wien; Studium der Geschichte und Psychologie
1921	24. Juli: Beginn der Liebesbeziehung zu Gusti Hasterlik
1923	Erste Buchveröffentlichung: *Gassen und Landschaft*
1924	Erste Bekanntschaft mit Gütersloh. *Die Bresche*
1925	22. Juli: Promotion zum Dr. phil.; Reise nach Assisi
1926	Krise der Beziehung zu Gusti
1927	Januar: Selbstmord der Schwester Helga; 15. Juli: Brand des Wiener Justizpalastes
1928	Auszug aus der Stammgasse nach Döbling
1929	Erste Konzepte für *Chronique scandaleuse/Dicke Damen*
1930	Februar: *Das Geheimnis des Reichs*. 28. Mai: Eheschließung mit Gusti Hasterlik. November: *Der Fall Gütersloh*
1931	Rückkehr Güterslohs nach Wien
1932	Endgültiger Zusammenbruch der Beziehung zu Gusti
1933	1. April: Eintritt in die NSDAP; 19. Juni: Verbot der NSDAP in Österreich
1934	25. Juli: Putsch der NSDAP, Ermordung von Dollfuß
1936	Beendigung des I. Teils der *Dämonen*. 1. August: Übersiedelung nach Dachau bei München
1937	Beginn der Beziehung zu Maria Emma Thoma; 23. September: Vertrag mit dem Verlag C. H. Beck über *Mord* und *Dämonen*
1938	13. März: Einmarsch deutscher Truppen in Österreich; Ende August: Rückkehr Doderers nach Wien; Scheidung; Wohnung in der Buchfeldgasse zusammen mit Gütersloh; 1. Oktober: *Ein Mord den jeder begeht*
1940	Konversion zum Katholizismus; ab 30. April: Leutnant der Luftwaffe; Stationierung im besetzten Frankreich; *Ein Umweg*
1941	6. Dezember: erste Studien zur *Strudlhofstiege* in Mont-de-Marsan
1942	Ab Mai: Kompaniechef in Kursk; wegen seiner Trigeminus-Neuralgie im Dezember zurückversetzt nach Deutschland

1943	Prüfoffizier im Range eines Hauptmanns bei der Annahmestelle für Offiziersbewerber in Wien
1945	Stationierung in wechselnden Standorten; Versetzung nach Oslo; Kriegsgefangenschaft in Norwegen
1946	31. Januar: Entlassung aus der Gefangenschaft in Linz; Aufenthalt bei Richard Ritter von Doderer am Attersee; 19. Mai: Rückkehr nach Wien in die Buchfeldgasse; Berufsverbot wegen früherer NSDAP-Mitgliedschaft
1948	Wiedereintritt in das Institut für österreichische Geschichtsforschung der Universität Wien
1950	19. Juni: Abschlußprüfung
1951	*Die erleuchteten Fenster*; April: *Strudlhofstiege*. Literarischer Durchbruch
1952	25. September: Eheschließung mit Maria Emma Thoma (1896–1984)
1955	Juni: Doderer lernt Dorothea Zeemann kennen
1956	1. Mai: Umzug in die Währinger Straße; 5. September: *Die Dämonen*
1958	10. März: Großer Österreichischer Staatspreis
1960	Krebsoperation an den Stimmbändern
1962	*Die Merowinger*
1963	*Die Wasserfälle von Slunj*
1966	*Unter schwarzen Sternen*; 6. November: Einlieferung ins Krankenhaus wegen Darmkrebs; 23. Dezember: Tod

Zeugnisse

Peter Glotz
Doderers letzter vollendeter Roman, in den sechziger Jahren geschrieben, ist das realistische, lakonische, weise Resümee eines aussterbenden Dinosauriers, der weiß, daß es zu Ende geht.

1995

Hilde Spiel
Ich war wehrlos gegenüber dieser Verdichtung wienerischen Lebensgefühls, dieser so präzisen wie skurrilen Sprache, dieser Kraft des Aufbaus bei immer wieder frappierender Anschaulichkeit der Details. Alles, alles nahm ich hin...

1989

Wendelin Schmidt-Dengler
Doderers Werk ist heute auch deshalb umstritten, weil sich die Beschreibung seiner Qualitäten dem gängigen kritischen Vokabular entzieht.

1985

Erich Fried
Nein, der Skandal bei diesem österreichischen Sturm im Wasserglas ist natürlich, daß Herrn Kahls Behauptung, ich hätte je empfohlen, Heimito von Doderer nicht zu lesen, völlig unwahr ist! Im Gegenteil: Meine Kritik knüpft an Doderer gerade deshalb an, weil er ganz besonders begabt und interessant war, wodurch sich Kritik überhaupt erst lohnt.

1984

Hans Weigel
Er war nicht nur wesentlich als bedeutender Autor, einer der letzten seither ausgestorbenen «großen alten Männer» der österreichischen Literatur, er war auch wichtig, weil er den vielzitierten, überbewerteten Habsburg-Mythos, der uns angeblich prägte und prägt, überwunden hat.

1983

Viktor Matejka
Ich war alles andere als ein Freund jener Bestrebungen, die Mitglieder des PEN-Clubs inszenierten, um Doderer zum Literatur-Nobelpreis zu verhelfen. [...] Es gibt nämlich trotz und neben der literarischen Qualifikation gerade für Österreich als einem von Hitler ausradierten Staat eine politische Qualifikation, die eine österreichische Regierung unter allen Umständen zu berücksichtigen hat.

1983

Dorothea Zeemann
Er lehrte mich, daß Sex kein moralisches, sondern ein gesellschaftliches Problem
ist, [...] daß man locker leben und doch den guten Ruf behalten kann und daß jede
starre Konsequenz Zeichen von Banalität ist.

1983

Hilde Spiel
Das Fragmentarische, das in Österreich jedes Leben umgibt und mit dem jedes
Leben schließt, galt auch, so sehr er sich dagegen sträubte, für ihn. Wie hätte er
ihm entrinnen können, da er doch auf zweifache Art ein vorbildlicher Österreicher
war: als Chronist und zugleich als Inbegriff einer nur noch immateriell bestehen-
den, aber historisch geheiligten Lebensform? [...] Er hatte das neue, anderwärts
belächelte oder angefeindete Nationalbewußtsein der zweiten Republik als eine
Fähigkeit zum übernationalen Denken und Handeln gesehen, als einen besonderen Zustand im «goldenen Schnitt [...]». [Er] hatte das Weltgefühl Österreichs in
sich, wie Hofmannsthal. Er hatte zugleich, wie Schnitzler, die parochiale Enge
Wiens, den Tiefgang, der nur durch Grabungen auf kleinem Raum erreichbar ist.

1981

Peter Handke
27. Mai: Und doch: Doderer lesen und denken: Ach, diese ideale Welt! (Ein Seuf-
zer der Sehnsucht)

1976

György Sebestyén
Er war ein politischer Mensch und ist, wie etwa auch Tolstoi, ein politischer
Schriftsteller par excellence.

1976

Peter von Tramin
Doderer jedoch identifizierte sich in seiner Kunst mit gar keiner Ideologie. Nicht
einmal von seinem Katholizismus machte er, der tiefgläubige Konvertit, in seinem
Werke Gebrauch: nicht die geringste Spur davon läßt er durchschimmern. Er
wußte zutiefst um seine Gruppenlosigkeit und beließ es dabei.

1972

Hans Weigel
Er hat die österreichische Literatur in ihr republikanisches Zeitalter geführt.

1966

Jean Améry
Doderer gehört zur «verlorenen Generation» Österreichs, die in zwei Weltkrie-
gen dem Zeitgeschehen denn doch übertrieben hohen Tribut hat zahlen müssen.

1959

Dorothea Zeemann
Und wenn's der Teufel persönlich ist! Ich habe sein Buch von der Stiege gelesen.

1954

Bibliographie

1. Bibliographische Hilfsmittel

Docherty, Vincent John: Bibliography. In: Ders.: The Reception of Heimito von Doderer […]. Diss. Glasgow 1984. Bd. II, Typoskript
Schmidt-Dengler, Wendelin: Bibliographie. Theoretische Schriften Heimito von Doderers [auch Zeitungsartikel]. In: Heimito von Doderer: Die Wiederkehr der Drachen. München 1970, S. 313–322

2. Werke

Gassen und Landschaft. Wien 1923. [Gedichte]
Die Bresche. Ein Vorgang in vierundzwanzig Stunden. Wien 1924
Das Geheimnis des Reichs. Roman. Wien 1930
Der Fall Gütersloh. Ein Schicksal und seine Deutung. Wien 1930
Ein Mord den jeder begeht. Roman. München 1938; Taschenbuchausgabe: München 1964, [7]1989 (dtv 10083)
Ein Umweg. Roman. München 1940, München [3]1950
Die erleuchteten Fenster oder Die Menschwerdung des Amtsrates Julius Zihal. Roman. München 1951
Die Strudlhofstiege oder Melzer und die Tiefe der Jahre. Roman. München 1951
Das letzte Abenteuer. Erzählung. Mit einem autobiographischen Nachwort. Stuttgart 1953
Die Dämonen. Nach der Chronik des Sektionsrates Geyrenhoff. Roman. München 1956
Ein Weg im Dunklen. Gedichte und epigrammatische Verse. München 1957
Die Posaunen von Jericho. Neues Divertimento. Zürich 1958
Grundlagen und Funktionen des Romans. Nürnberg 1959
Die Peinigung der Lederbeutelchen. Erzählungen. München 1959
Die Merowinger oder Die totale Familie. Roman. München 1962; Taschenbuchausgabe: München 1965, [6]1990 (dtv 11308)
Roman No 7. Erster Teil. Die Wasserfälle von Slunj. München 1963
Unter schwarzen Sternen. Erzählungen. München 1966
Meine neunzehn Lebensläufe und neun andere Geschichten. München 1966

Roman No 7. Zweiter Teil. Der Grenzwald. Fragment. Hg. von Dietrich Weber. München 1967

Frühe Prosa. Die Bresche / Jutta Bamberger / Das Geheimnis des Reichs. Hg. von Hans Flesch-Brunningen. München 1968

Repertorium. Ein Begreifbuch von höheren und niederen Lebens-Sachen. Hg. von Dietrich Weber. München 1969

Die Wiederkehr der Drachen. Aufsätze / Traktate / Reden. Hg. von Wendelin Schmidt-Dengler. Nachwort von Wolfgang H. Fleischer. München 1970

Die Erzählungen. Hg. und mit einem Nachwort von Wendelin Schmidt-Dengler. München 1972

Die sibirische Klarheit. Texte aus der Gefangenschaft. Hg. von Wendelin Schmidt-Dengler und Martin Loew-Cadonna. München 1991

Das erzählerische Werk. 9 Bde. mit «Selbstzeugnisse zu Leben und Werk». München 1938–1995

3. Tagebücher und Briefe

Tagebücher 1920–1939. Hg. von Wendelin Schmidt-Dengler, Martin Loew-Cadonna und Gerald Sommer. München 1996

Tangenten. Tagebuch eines Schriftstellers. 1940–1950. München 1964

Commentarii 1951 bis 1956. Tagebücher aus dem Nachlaß. Hg. von Wendelin Schmidt-Dengler. München 1976

Commentarii 1957 bis 1966. Tagebücher aus dem Nachlaß. Zweiter Band. Hg. von Wendelin Schmidt-Dengler. München 1986

Heimito von Doderer / Albert Paris Gütersloh: Briefwechsel 1928–1962. Hg. von Reinhold Treml. München 1986

Von Figur zu Figur. Briefe an Ivar Ivask über Literatur und Kritik. Hg. von Wolfgang Fleischer und Wendelin Schmidt-Dengler. München 1996

Briefwechsel 1936–1963 zwischen Doderer und Hermann Swoboda. Hg. und kommentiert von Gerald Sommer und Reinhold Treml. In: «Flügel und Extreme», Würzburg 1999, S. 11–91

Briefwechsel 1952–1962 zwischen Doderer und Armin Mohler. Hg. und kommentiert von Kai Luehrs-Kaiser. In: «Flügel und Extreme», Würzburg 1999, S. 92–128

4. Lebenszeugnisse

Anonym: Der Spätzünder. In: Der Spiegel, Hamburg, 5. Juni 1957

Begegnung mit Heimito von Doderer. Hg. von Michael Horowitz. Wien, München 1983

Canetti, Elias: Die Fackel im Ohr. Lebensgeschichte 1921–1931. München 1980; Werkausgabe 1993

–: Das Augenspiel. Lebensgeschichte 1931–1937. München 1985

Des Dichters Saitenspiel. Heimito von Doderer und die Musik. Hg. von Helmuth Pany. Wien, München 1993

Erinnerungen an Heimito von Doderer. Hg. von Xaver Schaffgotsch. München 1972

Flesch-Brunningen, Hans: Die verführte Zeit. Lebenserinnerungen, hg. von Manfred Mixner. Wien, München 1988
Spiel, Hilde: Die hellen und die finsteren Zeiten. Erinnerungen 1911–1946. München 1989
–: Welche Welt ist meine Welt? Erinnerungen 1946–1989. München 1990
–: Das Haus des Dichters. Hg. von Hans A. Neunzig. München 1992
–: Briefwechsel. Hg. von Hans A. Neunzig. München, Leipzig 1995
Zeemann, Dorothea: Jungfrau und Reptil. Leben zwischen 1945 und 1972. Frankfurt a. M. 1982

5. Gesamtdarstellungen

Fleischer, Wolfgang: Heimito von Doderer. Das Leben. Das Umfeld des Werks in Fotos und Dokumenten. Wien 1995
–: Das verleugnete Leben. Die Biographie des Heimito von Doderer. Wien 1996
Löffler, Henner: Doderer-ABC. Ein Lexikon für Heimitisten. München 2000
Weber, Dietrich: Heimito von Doderer. Studien zu seinem Romanwerk. München 1963
–: Heimito von Doderer. München 1987

6. Sammelbände und Symposien

Erst bricht man Fenster, dann wird man selber eins. Zum 100. Geburtstag von Heimito von Doderer. Beiträge von Irmgard Egger, Edith Király, Kai Luehrs, Wendelin Schmidt-Dengler, Gerald Sommer, Reinhold Treml, Dietrich Weber. Hg. von Gerald Sommer und Wendelin Schmidt-Dengler. Riverside 1997
Excentrische Einsätze. Studien und Essays zum Werk Heimito von Doderers. Beiträge von Friedrich Achleitner, Rudolf Helmstetter, Friedhelm Kemp, Kai Luehrs, Marlies Michaelis, Wendelin Schmidt-Dengler, Roderick H. Watt. Hg. von Kai Luehrs. Berlin/New York 1998
«Flügel und Extreme». Aspekte der geistigen Entwicklung Heimito von Doderers. (Schriften der Heimito-von-Doderer-Gesellschaft, Bd. 1). Beiträge von Ilse Aichinger, Jürgen Busche, Christian Lipperheide, Eberhard von Lochner, Kai Luehrs-Kaiser, Klaralinda Ma-Kirchner, Martin Mosebach, Günther Nenning, Michael Rutschky, Georg Schmid, Gerald Sommer, Reinhold Treml. Hg. von Kai Luehrs-Kaiser und Gerald Sommer. Würzburg 1999
Heimito von Doderer. 1896–1966. Symposium anläßlich des 80. Geburtstages – Wien 1976. Beiträge von Wendelin Schmidt-Dengler, Dietrich Weber, Claudio Magris, Hans Joachim Schröder, Adolf Haslinger. Salzburg 1978
Internationales Symposium Heimito von Doderer. Ergebnisse. Beiträge von Michael Bachem, Andrew W. Barker, Elisabeth Kató, Martin Loew-Cadonna. Wien 1986

7. Einzeluntersuchungen

Fischer, Roswitha: Studien zur Entstehungsgeschichte der ‹Strudlhofstiege› Heimito von Doderers. Wien, Stuttgart 1975

Hesson, Elizabeth C.: Twentieth Century Odyssey. A Study of Heimito von Doderer's ‹Die Dämonen›. Columbia, South Carolina, 1982

Loew-Cadonna, Martin: Zug um Zug. Studien zu Heimito von Doderers Roman «Ein Mord den jeder begeht». Wien 1991

Pfeiffer, Engelbert: Heimito von Doderers Alsergrund-Erlebnis. Wien 1983

Reininger, Anton: Die Erlösung des Bürgers. Eine ideologiekritische Studie zum Werk Heimito von Doderers. Bonn 1975

Schmidt-Dengler, Wendelin: «Analogia entis» oder das «Schweigen unendlicher Räume»? In: Ders.: Der Übertreibungskünstler. Wien 1986

–: Rückzug auf die Sprache. In: Österreichische Literatur der dreißiger Jahre. Hg. von Klaus Amann und Albert Berger. Wien, Köln 1990

Schröder, Hans Joachim: Apperzeption und Vorurteil. Untersuchungen zur Reflexion Heimito von Doderers. Heidelberg 1976

Stieg, Gerald: Frucht des Feuers. Canetti, Doderer, Kraus und der Justizpalastbrand. Wien 1990

Wolff, Lutz-W.: Wiedereroberte Außenwelt. Studien zur Erzählweise Heimito von Doderers am Beispiel des «Romans No 7». Göppingen 1969

Namenregister

Die kursiv gesetzten Zahlen bezeichnen die Abbildungen

Über den Autor

Lutz-W. Wolff, geboren am 17. Juli 1943 in Berlin, studierte in Frankfurt am Main, Bonn und Tübingen. Er promovierte 1969 über Heimito von Doderers Erzählweise im «Roman No 7». Seither Verlagslektor und Übersetzer. Lebt in München.

Danksagung

Der Autor dankt Frau Hannelore König, Herrn Prof. Dr. Wendelin Schmidt-Dengler, Herrn Dr. Engelbert Pfeiffer, der Wiener Stadt- und Landesbibliothek und dem Verlag C. H. Beck für die liebenswürdig gewährte Einsicht in ihre Doderer-Archive und für die Erlaubnis, aus den veröffentlichten und unveröffentlichten Schriften und Dokumenten zitieren und Bildmaterialien benutzen zu dürfen, die sie in Jahrzehnten gesammelt und aufbewahrt haben.

Quellennachweis der Abbildungen

rowohlts monographien
Begründet von Kurt Kusen-
berg, herausgegeben von
Wolfgang Müller und Uwe
Naumann.

Ingeborg Bachmann
dargestellt von Hans Höller
(50545)

Thomas Bernhard
dargestellt von Hans Höller
(50504)

Paul Celan
dargestellt von Wolfgang
Emmerich
(50397)

Agatha Christie
dargestellt von
Monika Gripenberg
(50493)

Johann Wolfgang von Goethe
dargestellt von Peter Boerner
(50577)

Carlo Goldoni
dargestellt von
Hartmut Scheible
(50462)

Franz Kafka
dargestellt von
Klaus Wagenbach
(50091)

Jack London
dargestellt von Thomas Ayck
(50244)

Die Familie Mann
dargestellt von
Hans Wißkirchen
(50630)

Nelly Sachs
dargestellt von
Gabriele Fritsch-Vivié
(50496)

Paul Celan
Wolfgang Emmerich

William Shakespeare
dargestellt von Alan Posener
(50641 / Neuausgabe ab
März 2001)

Theodor Storm
dargestellt von
Hartmut Vinçon
(50186)

Italo Svevo
dargestellt von
François Bondy und
Ragni Maria Gschwend
(50459)

Jules Verne
dargestellt von Volker Dehs
(50358)

Oscar Wilde
dargestellt von Peter Funke
(50148)

Stefan Zweig
dargestellt von
Hartmut Müller
(50413)

Weitere Informationen in der
Rowohlt Revue, kostenlos im
Buchhandel, und im **Internet:
www.rororo.de**

rowohlts monographien